This book shows teacher's work of
365days, Analogue and Digital Method.

豊富な
イラストで
わかりやすい

アナログ&デジタル
先生のお仕事
365日

仕事の見直し&最適化のきっかけに！

はじめに

　長きに渡ったコロナ禍も一区切りを迎えようとしています。

　追いつけないほどのスピードで目まぐるしく社会が変化する中、生成AIの隆盛など、今後、教育のあり方や学校、教員の仕事やその役割そのものが、これまで以上に大きく変貌していくことが予想されています。

　2021年度に始まったGIGAスクール構想から早いもので丸２年が経ちました。

　みなさんの学校は今、どういう状況でしょうか？

　授業でのICT活用が充実した、校務のICT化が飛躍的に進んだ学校もあるでしょう。一方で、端末・環境の整備はなされたものの、遅々として進んでいかない学校もあるかもしれません。

　職員室をふと見渡した時、ICTを推進できないことにヤキモキしたり、学内の理解を得られずもがき苦しんでいる先生はいないでしょうか？

　逆に、ICT化の波に乗れないまま、戸惑っている先生はいないでしょうか？これまでは職員室でベテラン教師として後輩に教える立場だったのに、急に「できないこと」「苦手なこと」が増えてきたことに、取り残された感を味わっている先生はいないでしょうか？

　誤解を恐れずに言えば、ここ数年、教育におけるICTをめぐって、教員間の溝が大きくなっていると感じています。

　私は学内でICT推進を担う立場の一人ですが、決して順風満帆にICT化を進められてきたわけではありません。時にはこのような先輩教師と意見がぶつかり、言い争いになってしまったこともありました（未熟ながら不貞腐れたり、悪態をついたこともありました）。

　教員同士が対立する必要などないはずなのに、このままで良いはずはないと、次第に焦りが募ってきました。

GIGAスクール構想では、授業でのICT活用にフォーカスされがちですが、この構想にはもう一つ、ICTを活用した校務改善という柱があります。

　「自分たちの校務改善のためにICTが導入されているのに、なぜベテランの先生方は反発をするのだろう？」とモヤモヤする中で、私が一方的にデジタル化の話を進めていることに気がつきました。

　「このツール良いですよ！　こうやって使うんですよ」と。

　しかし、話を聞いてみると、「何のためにデジタル化するのか」、そもそもの目的を知りたいのだということがわかりました。私がしなければならなかったのは、具体的な手段の話ではなく、まずは目的や、最上位目標を共有することだったのだと、遅ればせながら気づきました。

　子どももそうであるように、大人だって納得しなければやる気がおきません。相手の納得を得られないまま、一方的にデジタル化を押し付けていたのです。

　本書を執筆するにあたり、多岐にわたる教員の仕事を、洗いざらい出してみることにしました。その際、大事にしたのは、「その業務の本来の目的」を意識することと、従来、学校で行われてきた「アナログの方法」に立ち返り、そのやり方で困ることはないか？　という視点です。ここで出てきた困りごとを「デジタルの方法」によって解消できるのであれば、誰もが気持ちよく校務改善を行うことができるのではないか……と、願いを込めて作業を進めていきました。

　原稿を執筆してみて気づいたことは、あらためて、デジタル化することで解決できることがたくさんあるということです。「なんだ、そんなの当たり前じゃないか」と思われる方もいるかもしれませんが、その一方で、ハッとさせられることもありました。それは、執筆者同士で対話をしながら作業を進める中で、「ここはやっぱりアナログだよね〜」とか「デジタルにすることでこういう点が抜け落ちそうだよね」とかいうような、アナログの良さを再認識することの数々でした。

このプロセスや対話こそ、全国の職員室で必要なのではないでしょうか。

　アナログ派の先生たちとデジタル派の先生たちが対話をし、それぞれの良さや苦手な部分を認め、双方が納得できるような方法を選ぶことができれば、ICTをめぐる溝も徐々に埋まってくるのではないかと思います。若手・ベテランの立場を超えて、先生方が「子どもたちのために」ベストな方法を教え合える職場って素敵ですよね。

　本書では、こうして棚卸した先生の仕事を「60の項目」にまとめました。これらの項目を、さらに「ほぼ毎日・毎週」「ほぼ毎月・毎学期」「ほぼ毎年・行事ごと」「不定期」という４つの章に分類し、わかりやすいイラストと簡単なスクショとともに「アナログの方法」と「デジタルの方法」を見開きで比較できるようになっています。

　また、「みんなの反応」のコーナーでは、同僚や子ども・管理職や保護者等からかけられたハッとするようなコメント（視点）を入れました。校務改善をする上で、他者はどう思っているのかを意識することはとても大事です。

　本書が「誰一人取り残すことのない教育」を職員室から始める糸口になれば良いなと思っています。

2023年6月

教育あるある探検隊を代表して　**松下直樹**

アナログ&デジタル
先生のお仕事365日

アナログ＆デジタル　先生のお仕事365日
目次

2章　ほぼ毎月・毎学期

3章　ほぼ毎年・行事ごと

4章　不定期

●コラム

1章

ほぼ毎日・毎週

1 出勤・退勤

● アナログではどんな方法？

出勤後、職員室の机の引き出しから印鑑を取り出し、出勤簿に押印

　出勤したらすぐに出勤簿に押印します。押印の数が増えていくのを見ると、働いている実感や頑張っているという達成感が湧いてきます。また、出勤簿には祝休日や所定休が記されているので、休みまであと何日あるかを数える楽しみもあります。

こんなところが ちょっと悩み

　事務職員が出勤簿を確認しながら、各教職員の勤務状況を一人ひとり転記し、確認・修正などするため、膨大な作業量になります。

デジタル化するなら？

カードリーダーやアプリでチェック

　出退勤時に職員室にあるカードリーダー置き場で、ICカードを取り出して、リーダーにタッチします。スマホやタブレットからアプリにログインして、出退勤のチェックをすることもできます。打刻を忘れたり、間違えたりした場合も、簡単に修正できます。

みんなの反応

システムを導入したことで、一覧表での確認や修正、超過勤務計算なども自動でできるので大変助かっています。

事務職員

導入当初は打刻を忘れてしまうことがありましたが、今ではだいぶ慣れて、押印のほうがかえって手間だったように感じます。

同僚教員

2 To Doの管理

● アナログではどんな方法？

付箋紙やメモ用紙にタスクを書き出し、完了したら線を引く

　机の上や引き出しの中に付箋紙やメモ用紙を常備しておけば、思いついたときにすぐパッと書くことができます。付箋紙を使うことで、色別にタスク管理も可能です。完了したものには打ち消し線を引いていくことで、タスクをどれだけ完了できたか、一目で確認できます。

こんなところが ちょっと悩み

　付箋紙やメモ用紙のある場所でなければ、タスクを確認することができません。また、タスクは自分にしか確認することができません。

● デジタル化するなら？

アプリでクラウド管理

Google ToDoリストを使い、タスクをクラウド上で管理します。タスクの内容をメモできるほか、締切の日時やリマインドを指定することもできます。Googleカレンダーと連動しているので、タスクをカレンダー上に表示することもできます。複数人でのタスク共有も可能です。

画像はGoogle ToDoリストです

みんなの反応

同僚教員

> 付箋紙が剥がれてなくなることや、メモ用紙がどこに行ったかわからなくなるといった心配がなくなりました。

> カレンダーのスケジュールと合わせて確認できるので忘れることが減りました。タスク共有も仕事効率化につながっています。

同僚教員

3 保護者からの
欠席・遅刻・早退連絡

● アナログではどんな方法？

保護者から電話連絡が入り、担任が対応

　朝、保護者から電話で学校に連絡が入ります。担任が電話を受けて要件を確認の上、欠席・遅刻・早退などの情報を出席簿に記入します。担任と電話で話すことで安心する保護者もいるかもしれませんし、保護者から子どもの様子を直接聴く機会は担任にとっても貴重です。

こんなところが ちょっと悩み

　朝の時間帯は、教員に限らず保護者も何かとバタバタしていることが多いので、丁寧な対応が難しいことがあります。

デジタル化するなら？

校務支援システムやアプリで連絡

　BLENDなどの校務支援システムや、Googleフォーム、ロイロノート・スクールなどを活用し、保護者がスマホなどの端末から欠席・遅刻・早退および「理由」などを入力します。教員は自分の端末で、連絡内容を確認することができます。その上で、どうしても必要なときには、保護者に電話します。

みんなの反応

欠席連絡が相次ぐと対応が大変ですし、回線がパンクする恐れもありましたが、こうした不安も一掃されました。

事務職員・
同僚

忙しい朝に、スマホから手軽に連絡できるようになり、正直助かっています。重要な話があるときのみ電話をするようにしています。

保護者

4 欠席・遅刻・早退などの情報共有

● アナログではどんな方法？

担任や授業担当者が、出席簿に記入することで情報を共有

　欠席・遅刻・早退のほか、保健室や相談室の来室歴などの情報共有は、担任や授業担当者が出席簿に書き込み、それを確認することで行われます。その場でさっと書き込むことができる点が便利です。

こんなところが ちょっと悩み

　出席簿が手元にないと、あとで記入しなければならなかったり、変更が生じるたびに手書きで修正したりする必要があります。また、職員室にいないときはリアルタイムで確認ができません。

デジタル化するなら?

校務支援システムに記録して共有

　BLENDなどの校務支援システムを活用して記録します。教員は誰でも手元の端末で子どもの状況把握が可能になります。欠席・遅刻・早退などの修正もクリック一つで行えるように設定することができます。保健室や相談室への来室歴なども共有が可能です。

‹ 出欠管理 – HR出欠 – 高ⅢA組 HR 日別	1日の出欠	1限目	2限目	3限目	4限目	5限目	6限目	7限目
		地理B 数学B 古典A 化学 物理 生物	世界史B 政治・経済 数学Ⅱ 生物 数学B 化学 物理	化学基礎 物理 コミュ英Ⅲ 数学Ⅱ 数学B 地学基礎	数学Ⅰ 古典A コミュ英Ⅲ 数学Ⅱ 物理 数学Ⅲ	英語表現Ⅱ コミュ英Ⅲ 化学 数学B 古典A 現代文B	現代文B 数学Ⅰ 古典A 化学 コミュ英Ⅲ 英語表現Ⅱ	
● ▒▒ ▒▒	●	●	●	●	●	●	●	
● ▒▒ ▒▒	●	●	●	●	●	●	●	
● ▒▒ ▒▒	⚠	✕						
● ▒▒ ▒▒	●	●	●	●	●	●	●	
● ▒▒ ▒▒	●	●	●	●	●	●	●	
● ▒▒ ▒▒	●	●	●	●	●	●	●	
● ▒▒ ▒▒	●	●	●	●	●	●	●	

画像はBLENDです。●は出席、×は欠席、△は遅刻

みんなの反応

同僚教員

　教室や運動場などからでも、端末から子どもの状況を確認したり、入力・変更したりできるのが便利です。

　校務支援システムへ記録する形に変わっても、担任にはこれまで通り、口頭やメモで情報を伝えるように心掛けています。

同僚教員・
養護教諭

5 教職員朝礼

● アナログではどんな方法？

連絡のある教員が、口頭で全体に連絡

　連絡のある教員が一人ひとり口頭で連絡をしていきます。例えば、教務部から予定、総務部から行事の段取り、生徒部から子どもたちへの注意喚起など、多岐に渡ります。必要なものに関して、それぞれがメモを取り、子どもたちに伝える必要のある連絡については担任が朝の会（SHR）で伝えます。

こんなところが ちょっと悩み

　連絡事項が多いと、全体への連絡が長時間に及んでしまいます。また、連絡に関しては個人がメモを取るのみで、正確な記録ではありません。

デジタル化するなら？

グループウェアで諸連絡を配信

Google Classroomなどを活用し、前日までに担当者が連絡事項を記入しておき、その日の朝礼で配信します。必要に応じて、資料を添付します。基本的には自分の端末から連絡事項を確認しますが、重要度の高い連絡については、口頭でも行います。

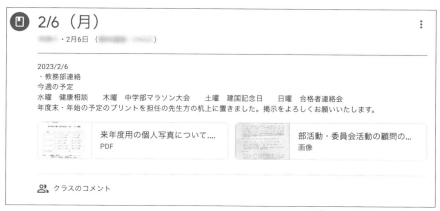

画像はGoogle Classroomです

みんなの反応

口頭での連絡が減ったことで、連絡時間が大幅に短縮されました。その分、学年でのミーティングに多くの時間を割けるようになりました。

同僚教員

連絡事項が記録として残り、あとからでも確認できるので、メモいらずで助かっています。

同僚教員

21

6 朝の会（SHR）

● アナログではどんな方法？

教職員朝礼でメモした連絡事項を、担任が教室で子どもたちに伝える

　連絡事項を一つひとつ読み上げながら丁寧に説明します。この時間は、子どもたちの反応を確認したり、クラスの様子を見取ったりすることにつながります。必要に応じて、連絡事項を教室に掲示します。

こんなところが ちょっと悩み

　朝の会（SHR）の時間はとても短いため、連絡事項が多いとどうしても早口になってしまったり、重要なことを伝え漏らしてしまう心配があります。

デジタル化するなら？

グループウェアで諸連絡を配信

　Google Classroomなどを活用し、朝の会の前に連絡事項を予約配信しておきます。教職員朝礼で連絡の追加があれば追記します。子どもたちは登校したら、自分の端末からその連絡を確認します。重要なことは朝の会で補足しますが、クラス全体に関わらない情報については、文字での連絡に留めます。

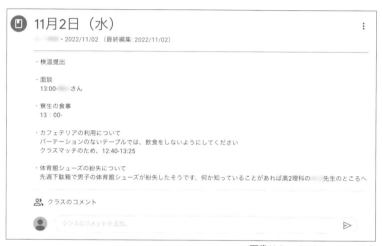

画像はGoogle Classroomです

みんなの反応

グループウェアでの配信を取り入れてから、朝の会の時間短縮につながり、子どもたちも余裕をもって1時間目の準備をできるようになりました。

同僚教員

すべての連絡をグループウェアで行う必要はないと思いますが、口頭で伝える連絡の重要性がより際立つようになったと感じます。

同僚教員

7 朝の検温提出の確認

● アナログではどんな方法？

朝の会（SHR）で検温表を提出させ、検温結果をチェック

　朝の会（SHR）で、検温表を提出させ、子ども一人ひとりの表情なども確認しながら検温結果をチェックしていきます。検温表の様式によっては、保護者のサインが必要になる場合もあるため、提出状況などを踏まえて連絡を取ります。

こんなところがちょっと悩み

　短時間で終える必要のある朝の会で、検温表の回収にはどうしても時間がかかってしまいます。また、子どもたちが検温表を忘れることもあります。

● デジタル化するなら？

グループウェアやアプリで検温提出

Google Classroomの「質問」やGoogle フォーム、ロイロノート・スクールの「出欠カード」を使います。あらかじめ体温と症状を選択・入力できるように設定しておきます。クラスルームでは予定の設定から配信予約ができ、フォームや出欠カードは同じものを使い続けることができます。

	提出済み		本日の体調はいかがですか？(5月24日)
☐	😊 "36.8"	___/100	**49** 0
☐	😊 "36.2"	___/100	提出済み 割り当て済み
☐	😊 "36.7"	___/100	
☐	😊 "36.0"	___/100	
☐	😊 "36.4"	___/100	
☐	😊 "36.6"	___/100	
☐	😊 "36.4"	___/100	
☐	😊 "36.5"	___/100	

画像はGoogle Classroomです

みんなの反応

同僚教員

検温表の回収の手間が一切なくなり、朝の会に余裕が生まれました。検温表の印刷の必要がなくなったこともありがたいです。

検温データは自動集計されるので、子どもが罹患した場合に遡って確認するなどの作業も、速やかに行うことができるようになりました。

養護教諭

8 不登校の子どもの支援

● アナログではどんな方法？

担任が学校から電話をかけたり、自宅に訪問

　登校がなかなか難しい子どもに対して、日頃から担任が空き時間や放課後などに自宅へ電話をかけて、保護者や本人と話をします。必要に応じて、家庭を訪問してコミュニケーションをとることもあります。

こんなところが ちょっと悩み

　不登校の子どもの中には、担任からの電話や家庭訪問して対面で行う面談そのものに高いハードルを感じる子どももいます。

デジタル化するなら？

ビデオ会議システムやチャットでサポート

　ZoomやGoogle Meetなどのビデオ会議システムを使ってオンラインでの面談を実施します。あらかじめグループウェアやメールを使い、招待リンクを子どもか保護者に共有しておきます。時間になったら、担任はホストとしてミーティングを開始します。また、チャット機能の活用も有効です。

みんなの反応

担任・
スクール
カウンセラー

オンライン面談では画面をオフにできるので、顔を合わせるのが苦手な子どもにとっても、安心感があるのではないでしょうか。面談を億劫に感じる子どもとは、テキストベースのやり取りを起点に、不安を和らげたり、一緒に課題に向き合ったりしています。

9 スクールカウンセラーとの情報共有

● アナログではどんな方法？

職員室から内線をかけるか、相談室に来室し対面で相談

　担任や学年主任は、空き時間を見つけて、相談室に内線をかけたり来室したりして、スクールカウンセラーに子どものことを相談します。電話を使うと緊急度や深刻度なども伝えることができます。また、相談室での対面でのやり取りは、職員室とは違って周りの目を気にせず安心して行うことができます。

こんなところがちょっと悩み

　授業や会議などがあると、教員同士の時間を合わせることがなかなか難しかったりするため、放課後に回すことが増えてしまいがちです。

デジタル化するなら？

アプリで情報共有

　GoogleスプレッドシートやGoogleドキュメントを使い、生徒との面談記録を作成し、スクールカウンセラーとリアルタイムで情報を共有します。作成したスプレッドシートやドキュメントについては、編集や閲覧の権限設定に細心の注意を払い、児童・生徒情報の漏洩を防ぎます。

みんなの反応

**スクール
カウンセラー**

対面・口頭で伝え合うことが大事な情報もありますが、スプレッドシートを活用することで、リアルタイムで情報共有を行えるようになりました。以前と比べてカウンセラーと教員の連携もはかりやすくなりました。

10 学年会議

● アナログではどんな方法？

時間割に組み込むか、昼休みや放課後に時間を決めて開催

　同じ学年の教員間での情報共有や、今後の子どもたちの指導のあり方や行事の進行などの確認をします。学年会議として時間割に組み込み定期的に行うほか、昼休みや放課後の時間帯に時間を合わせて臨時で行います。議題は一覧を用紙にまとめ、印刷したものを資料として配付し、それをもとに話し合います。

こんなところが ちょっと悩み

　出張や急を要する対応などで教員が全員揃わないことがあります。また、共有事項が多いと、時間が足りなくなってしまいます。

30

アプリで会議資料・議事録を共有

　Microsoft OneNoteやGoogleドキュメントなどを使って、その日の会議の議題をあらかじめ打ち込んでおきます。それにより伝達時間も省け、議事録の共有も容易にできます。

みんなの反応

同僚教員

自分の子どもの迎えもあるので、放課後、会議が終わる時間が気がかりでした。デジタル化したことで、会議の時間が短縮されるのは嬉しいです。

印刷不要は時短・省エネです。議題によっては個人情報が多く、印刷物は管理や処理の心配が生じますが、その負担も軽減されました。

同僚教員

11 校務分掌会議

● アナログではどんな方法？

日時と場所を設定し、議題をまとめた会議資料をもとに議論

　分掌担当者で集まって、校務の打ち合わせを行います。議題をまとめ、必要な資料を揃えて配付し、話し合いを進めます。前年度までの記録や経験者のアドバイスも印刷し、その反省をもとに実施要領などをまとめていきます。一堂に会することで意見交換も活発なものになります。

こんなところが ちょっと悩み

　議題の確認、反省事項の共有だけでかなりの時間を要します。また、担当者が全員揃わないと提案・検討をする際に、議論がストップすることがあります。

デジタル化するなら？

アプリで共有、オンラインで打ち合わせ

　議題はあらかじめGoogleドキュメントやMicrosoft OneNoteに共有しておきます。反省事項や報告事項は口頭ではなくデータ上で確認することで、時間短縮となり本題の議論に時間をかけられます。また、これらを年度ごとに整理・蓄積しておくと、前年度までの実施要領や反省をすぐに確認することができます。

ICT戦略室　部会　会議録
2022年4月20日

参加者：●●●●、●●●●、●●●●、●●●●、●●●●●、●●●●

1. 生徒iPadの配布について

   ・ 新2年生はGoogleアカウントのログインがしっかりできていないので今年度は強めに案内する必要があるだろう。

   ・ 未配布分は考査ロッカーに退避している。担任から連絡をもらって、随時対応をしていきましょう。

   ・ 1台初期不良。貸出済み。

2. その他の業務

   ・ 発熱したらすぐ帰ること。咳も要注意。体調不良で、職場にいる方が迷惑。

   ・ 5月2日のオンライン授業練習日に向けて

   → オリエンテーションをした方が良いだろう。対象：1年生の進学コース以外
   https://youtu.be/kFEM●●●Hpx8

   事前に動画を配信し、担任からも確認してもらいましょう。

画像はGoogleドキュメントです

みんなの反応

　データ化により印刷・手渡しの手間もなく、過去の資料もすぐに探すことができました。職員室の机も、書類の山が一つなくなりました。

　議題の提案者だった日に子どもの体調不良で出勤できなくなったのですが、資料がデータで見られることで、オンラインで会議に参加することができました。

同僚教員

12 帰りの会（SHR）

● アナログではどんな方法？

その日の最後の授業後に、担任が教室に行き、明日以降の連絡をする

　連絡事項を一つひとつ読み上げながら丁寧に説明します。学年やクラス全体で問題が起きたりしたときは、注意を促すこともあります。また、他の教員から連絡や提出物の返却をお願いされることもあります。

こんなところが ちょっと悩み

　あれもこれも担任が連絡するということが常態化してしまいがちです。また、伝達事項が多くなると、子どもたちの放課後の時間を奪うことになります。

デジタル化するなら？

アプリやグループウェアで諸連絡を配信

　ロイロノート・スクールやGoogle Classroomなどを活用して、帰りの会（SHR）より前に連絡事項を配信します。担任に限らず授業担当者も配信できるようにしておきます。その配信を子どもたちは自分の端末から適宜確認します。帰りの会では、担任は重要事項の伝達に絞って短時間で行います。

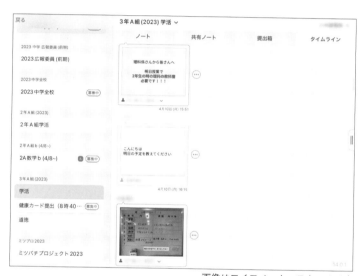

画像はロイロノート・スクールです

みんなの反応

同僚教員

「子どもたちに伝えておいて」と連絡事項を記入したメモが置かれていたら、帰りの会を待たず写真を撮って配信し、共有するようにしています。

帰りの会がとても短くなりました。部活動をする時間や、友だちと過ごす放課後の時間が増えて嬉しいです。

子ども

13 学級日誌

● アナログではどんな方法？

当番の子どもは、その日の出来事などを記入して、帰りの会で担任に提出

　学級日誌を通じて、どんな一日だったか、当番の子どもから見たクラスの様子はどうだったかなど、教えてもらうことができます。日誌へのコメントを通じて子どもとやり取りをしたり、日誌を受け取るついでに、記載内容をネタに雑談したりします。

こんなところがちょっと悩み

　子どもは年数回の当番のときにしか学級日誌の内容を見ることができません。

デジタル化するなら？

アプリで学級日誌を共有

　年度初めに、学級日誌用のGoogleフォームを作成します。当番の子どもはフォームに回答します。その回答をGoogleスプレッドシートに書き出し、クラスで共有します。スプレッドシート上に担任からのコメントを書き足すことで、子どもたちとの日誌の交換を行うことができます。

日直	1日の振り返り	担任のコメント
	授業と授業の間を縫って世界史の勉強をしてました。この2連休を無駄にした感がすごいのでテストまでの3日間一生懸命頑張ろうと思いました…。	隙間時間を見つけながら社会に取り組むのはグッドアイデアですね。いや…本当にお疲れさまです。はたして私の作問は間に合うのかしら…。
	昨日、日誌を書くのを忘れてました。すみません！席替えをする前の最後の一週間、今の座席の人たちともっと話すようにできたらいいなぁ…。	全然大丈夫です！日直、お疲れ様です。そうですね、残り数日だけど、存分に楽しんでください。次の席でもまた新しい出会いがあると良いですね。
	今日は午後に自習があったので比較的楽な授業でした。困ったことに部活に決まった人以外が全然来ません。	気温も夏めいてきたから、しんどさが増してきますね…なんでこんなに冷房が効かないのでしょう…。どうしたんでしょうみんな幽霊部員になってしまった？ぜひ部活でリフレッシュして欲しいものですね。
	テスト、やっぱり疲れました。今日は、しんどそうな人も多いように感じました。体調管理をしつつ勉強などを頑張るのに、みんなも全力だと感じました。体調を崩した人たち、早く良くなってほしいです。	本当にお疲れさまでした。あまりにハードな日々が続いていますね。金曜日の体育大会がちょっとした息抜きになると良いなと思っています。早く連休来てほしいですね。おっしゃる通りで、体調を崩している人たちが早く良くなりますように。

画像はGoogleスプレッドシートです

みんなの反応

子ども

　スプレッドシートで共有すると、クラス全員がいつでも見ることができるので、クラスのSNSのようで楽しいです。

　手書きの日誌が割と好きなのですが、試しにフォームとスプレッドシートを使ってやってみて、子どもたちとどちらにするか一緒に検討しようと思います。

同僚教員

14 教職員会議

◯ アナログではどんな方法？

議題の提案者や担当教員、事務職員が人数分の資料を印刷し、当日配付

　議題の提案者が資料を作成し、係の教員とともに時間を決めて集まり、人数分印刷し綴じたものを会議時に配付します。紙媒体の資料はペンなどで書き込みしやすく、会議内容の注意点を残したり、そのまま必要な部分だけ抜き取り、手元に置いておくことも容易です。

こんなところが ちょっと悩み

　印刷して綴じる作業にはかなりの時間を要します。また、印刷後に訂正があると差し替えも大変です。会議のたびに資料もたまり保管場所も必要です。

デジタル化するなら？

クラウドで会議資料を保存・共有

　GoogleドライブやMicrosoft OneDriveなどを活用してクラウド上に保存し、会議前に該当資料をまとめて共有します。デジタルならば、カラーの画像やイラストもインクを気にせず使えます。画面の拡大も可能なため細かいデザインや文字の確認も容易です。

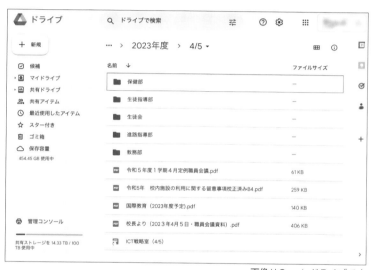

画像はGoogleドライブです

みんなの反応

同僚教員

　印刷から解放されたので、空いた時間は教材研究に充てています。また、資料のシュレッダー処理の手間もなくなり助かっています。

　紙の場合は紙代・処分代にもコストがかかっていましたが、クラウドでの共有で予算の削減や環境負荷の軽減につながりました。

事務職員

15 部活動・クラブの指導

アナログではどんな方法？

練習中に、教員は子どもたちに対面でアドバイス

　部活動やクラブの練習は教員が立ち会います。外部コーチが教える場合もありますが、子どもたちに見本を見せたりしながら、上達するように指導をしていきます。時には身振り手振りでアドバイスをして改善点を伝えます。

口をタテにあけて！

こんなところが ちょっと悩み

　指導する側は子どもの姿を常に客観的に見ていますが、子ども自身は自分の姿を客観的にとらえることがなかなか難しいものです。

グループウェアやアプリで練習記録や動画・写真を共有

　Microsoft Teamsやロイロノート・スクールなどで練習の記録をつけたり、動画や写真を共有したりします。特に、動画を子どもたちと一緒に確認することで、客観的な視点から振り返ることができます。それによって個人の改善点の確認や、チームの課題について共通認識をもちやすくなります。

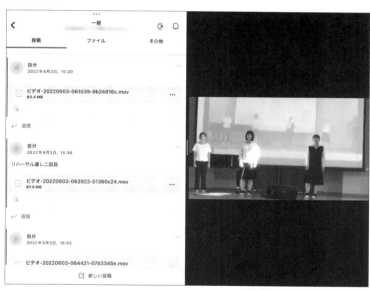

画像はMicrosoft Teamsです

みんなの反応

子ども

動画を見ると、自分のイメージとズレていることがよくありました。スロー再生で課題の発見にも役立ちました。

プロ選手の動画を子どもたちに見せることで、指導の改善につながるなど、効果的に活用できています。

同僚教員

16 委員会や児童・生徒会活動の打ち合わせ

● アナログではどんな方法？

連絡事項を担任経由で渡したり、休み時間や放課後に職員室に呼んで伝える

　委員会や児童・生徒会活動などで打ち合わせが必要なときは、連絡内容を担任経由で伝えるほか、子どもを休み時間や放課後に職員室に呼んで、必要事項の連絡や打ち合わせをします。対面による伝達は子どもの受け答えの様子を見て説明を補足できるため、やり取りもスムーズです。

こんなところが ちょっと悩み

　子どもも教員も、病欠や出張など様々な事情で学校にいないことがあり、時間調整をするのが一苦労です。

デジタル化するなら？

アプリで連絡、オンラインで打ち合わせ

　子どもたちへの連絡・確認であれば、ロイロノート・スクールの「送る」やメールやチャットで十分にやり取りすることができます。議論が必要な内容であれば、Zoomなどのビデオ会議システムを活用してオンラインミーティングを実施することで、資料提示をしながらの伝達や話し合いも可能になります。

> 2022　前期　広報委員会 2022　前期　広報委員会 ∨
>
> 　　ノート　　　　　共有ノート　　　　　提出箱　　　　　タイムライン
>
> ×　　⬆ 使用する
>
> ・1年生　夏に聴きたい曲　ロイロで200字
>
> ・2年生　夏バテ 熱中症対策　ロイロで50字
>
> ・3年生　夏休みの予定 したいこと　ロイロで50字
>
> 次の委員会までに まとめておくこと。

画像はロイロノート・スクールです

みんなの反応

子ども

> 自分だけミーティングに参加できなくても、資料や録画を見て内容を確認できるので「取り残された感」もなく安心です。

> 子どもに資料を渡すと紛失することもあるのですが、データならその心配もありません。また、やり取りの記録を残せることも良かったです。

同僚教員

17 提出物の回収・チェック・返却

アナログではどんな方法？

ノートやプリントを提出させてチェックし、返却

授業で出した課題や宿題をノートやプリントを集めて一人ずつチェックしていきます。提出状況については、教務手帳へ記入します。子どもが書いた内容から学びに向かう姿勢や意欲を読み取ります。ノートを見た証として検印を押したりコメントを書き込んだりして返却します。

こんなところが ちょっと悩み

返却までの間、子どもはノートやプリントを見直すことができません。次回の授業で使う場合は、チェックをとにかく急がなければなりません。

44

デジタル化するなら?

アプリで回収・チェック・返却

ロイロノート・スクールの「提出箱」を活用します。子どもたちはノートやプリントを写真に撮って画像データを提出します。端末上で提出状況や内容を確認し、必要に応じてコメントを入れたり、採点したりして返却します。

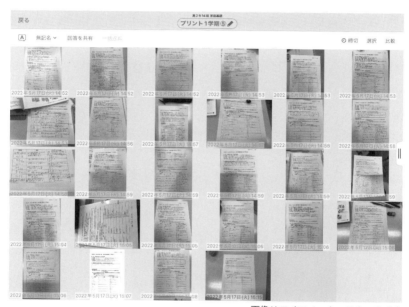

画像はロイロノート・スクールです

みんなの反応

同僚教員

ノートを早く返却しなければというプレッシャーがありましたが、写真での提出なので、その心配がなくなりました。

一人一台端末が導入されてもこれまで通りノートを使わせたいと思っていたので、写真に撮って提出できるのは良いです。

同僚教員

健康観察のアナログ＆デジタル

● 健康観察のデジタル化でできること、できないこと

コロナ禍の中、朝の会（SHR）で欠かせなくなった健康観察。子どもたち一人ひとりの健康状態を知る上で大切なものです。単に子どもたちの身体の状態を確認する場合は、ICTを活用することで、効率的に行うことができます。

タスクとしてはそれでよいのかもしれませんが、担任としてはやはり、子どもたちの名前を呼んで、返事の声を聞いたり表情を見たりしたいと思うものです。

元気な声の返事であれば、「元気はつらつの声と表情。お、良い感じだね！」「今日もたくさんの活躍を期待しているよ！」とエールを送ります。

一方、眠そうな表情をしている子がいたら「もしかして、昨日は夜更かししたかな？」と想像しますし、気力のない返事や、どことなく表情が暗い子には、「悩みごとでもあるのかな？」「大丈夫？何かあった？」と声を掛けたり

と、その子に寄り添った対応をします。

このような対応は、デジタルだけではできません。担任が、一人ひとりの子どもの表情や様子をよく見ていることがわかると「自分の状態を気にかけてもらえた」と、子どもたちも安心感を得られるかもしれません。

● 相談しやすい関係性を築く

健康観察のデジタル化は、体温や体調不良など身体面の状態を報告する場面では、とても有効です。ただ、子どもの健康状態には「身体面」だけでなく、「心理面」の要素も多分に含まれています。

ICT化の進んだ今だからこそ、表情や声色などから「心の健康状態」を丁寧に読み取ってあげたいな、と感じます。

こうしたやり取りの積み重ねによって、子どもたちの教員に対する信頼は深まり、何かあったときに相談しやすいような関係性が築かれるのではないでしょうか。

2 章

ほぼ毎月・毎学期

18 席替え

● アナログではどんな方法？

くじを順番に引いたり、話し合いで席順を決める

　席替えは、子どもが学校生活の中で味わえる刺激的な時間です。方法としてはくじ引きがあり、自分の席や周囲の様子がどうなるのか、みんながくじを引いている時間は何とも言えないドキドキ感が味わえます。くじ作りや黒板で決める作業を委員や係の役割とすることもでき、子どもたちの交流にもなります。

こんなところが ちょっと悩み

　席替えをしたくても時間が取れないときがあります。また、新しい座席表を作るのも意外と時間がかかります。

デジタル化するなら?

アプリを使って瞬時に席替え

　Microsoft ExcelのRAND関数や、席替えアプリを使用します。年度当初に出席番号・氏名だけでなく、部活動や委員、係の一覧を作っておくだけで、席替えのたびにその子どもの情報も瞬時に記載された座席表ができあがります。

みんなの反応

一瞬で新しい席が決まる様子が電子黒板に投影されるので、くじ引きとは異なるドキドキ感が味わえました。

子ども

帰りの会のわずかな時間でも席替えができました。一度設定しさえすれば、簡単・時短で席替えができるので便利でした。

同僚教員

19 学級通信の作成

アナログではどんな方法？

連絡や行事の報告などを手書きや打ち込み、切り貼りなどで体裁を整え作成

　学級通信は、担任の個性やクラスの雰囲気を伝える手段の一つです。記事の内容は日々の学校生活の様子、行事の結果や反省など様々で、手書きや活字によるものだけでなく、写真やイラストを載せてビジュアル的に仕上げることもできます。また、担任からの一方的な連絡だけでなく、子どもたちと一緒に作り上げる学級通信もあります。

こんなところがちょっと悩み

　手書きの場合、レイアウトや書き直しが大変です。また、動画など情報の伝達手段が多様化している現在、文字だけでの伝達に限界を感じることがあります。

デジタル化するなら？

アプリを活用し配信前提で作成

　文章だけでなく、画像や動画を取り入れます。カラー印刷が難しい学校でも配信であればカラー画像を使うことが可能です。合唱コンクールなどの動画はURLや二次元コードを掲載すると、端末で視聴することができます。子どもが担当した記事もデータでもらい、体裁を整えて掲載します。

画像はMicrosoft Wordです

みんなの反応

保護者

思春期で子どもから学校の様子をあまり聞かないのですが、学校生活やクラスの様子が動画でよくわかって安心しました。

デジタル化により画像や動画の掲載がしやすい一方、肖像権の配慮も必要になります。あらかじめ子どもや保護者の許可を得ておく必要がありますね。

同僚教員

20 学級通信の配付

● アナログではどんな方法？

印刷し、子どもに配付。家庭向けの通信の場合は、保護者に渡してもらう

　学級通信を定期的に配付することで、行事予定などの連絡事項や担任の思いを伝えることができます。また、保護者向けの通信は、学校の教育活動についての理解を深めます。できるだけタイムリーに作成・印刷し、朝や帰りの会（SHR）などで子どもに配ります。保護者にもその日のうちに渡すように子どもたちに念を押します。

こんなところがちょっと悩み

　いくら念を押しても、保護者の手元に届かないことがあります。せっかく時間をかけて作っても、机の中や通学カバンの中に入ったままで、読んでもらえなければ意味がありません。

デジタル化するなら？

アプリや校務支援システムで配信

　作成した学級通信をPDF化して、Classiのような連絡機能もあわせもつアプリや、BLENDなどの校務支援システムで保護者宛に配信します。また、行事や連絡事項のあるときに配信することで、行事予定や提出期限についてのリマインドにもなります。

画像はClassiです

みんなの反応

保護者

ダイレクトに自分のスマホに届き、すぐに、いつでも内容を確認できるのがありがたいです。また、カラーで写真もきれいに見られるので嬉しいです。

保護者の方に合唱コンクールの様子を見てほしいと思っていたので、学級通信に動画のURLを載せて配信してみようと思います。

同僚教員

21 テストの時間割と監督割の作成

● アナログではどんな方法？

掲示板に案が貼り出され、教員は変更希望を記入し、完成版を配付

　時間割と監督割は、案の段階で変更希望などがあれば、職員室の掲示板に貼り出された紙に赤ペンで直接書き込み、作成担当者に変更希望を伝えます。修正が完了したら、完成版が再び掲示されるとともに、全クラス分の時間割および教員分の監督割が印刷・配付されます。

こんなところが ちょっと悩み

　掲示での修正作業は、発表前に子どもが時間割を誤って目にしてしまうリスクを伴います。また、完成版を印刷・配付する手間が担当者にかかります。

2 章
3 章
4 章

● デジタル化するなら？

グループウェアで共有

Microsoft Excelなどで作成した時間割と監督割の案をそれぞれPDF化して、Google ClassroomやCYBER CAMPUSなどのグループウェアで共有します。訂正などがあれば、口頭かコメント機能などを使って担当者に伝えます。その後、完成版をグループウェアに再度アップします。

	A			B			C		
	1	2	3	1	2	3	1	2	3
1年1組	F造	現代の国語		英語コミュ	和装		言語文化	家庭基礎	Fデザ
1年2組	簿記	現代の国語	情報処理	英語コミュ	ビジネス基礎		言語文化	家庭基礎	
1年3組	言語文化	現代の国語		論理・表現Ⅰ	情報Ⅰ		英語コミュⅠ	家庭基礎	
1年4組	言語文化	現代の国語		論理・表現Ⅰ	情報Ⅰ		英語コミュⅠ	家庭基礎	
1年5組	言語文化	現代の国語		論理・表現Ⅰ	情報Ⅰ		英語コミュⅠ	家庭基礎	
1年6組	言語文化	英語コミュⅠ	数Ⅰ	論理・表現Ⅰ	現代国語	物理基礎	歴史総合	家庭基礎	数A
1年7組	言語文化	英語コミュⅠ	数Ⅰ	論理・表現Ⅰ	現代の国語	物理基礎	歴史総合	家庭基礎	数A
1年9組	言語文化	数Ⅰ	英語コミュ	論理・表現Ⅰ	現代の国語	物理基礎	歴史総合	家庭基礎	数A
1年10組	言語文化	数Ⅰ	英語コミュ	論理・表現Ⅰ	現代の国語	物理基礎	歴史総合	家庭基礎	数A

画像はMicrosoft Excelです

みんなの反応

同僚教員

グループウェアで共有することで、子どもたちが事前に時間割を知ってしまうという心配がなくなりました。

これまで通り紙でもほしいと思い、印刷する方法を教えてもらいました。自分の分を印刷できたので、ホッとしました。

同僚教員

22 テスト範囲の伝達

● アナログではどんな方法？

テスト範囲を黒板に書く。またはプリントで配付

　授業中に、黒板に範囲を書いたり、プリントを配付したりして、子どもたちにテスト範囲を伝えます。万が一、訂正箇所があった場合は、その場ですぐ確認、修正します。また、休んでいる子どもにはクラスメートに連絡をお願いすることで子どもたち同士のコミュニケーションの機会を作ることができます。

こんなところが ちょっと悩み

　授業内に伝達するタイミングを逸したり、伝え忘れてしまったり、休んでいる子どもに伝わっていなかったということも起こる可能性があります。

● デジタル化するなら？

アプリやグループウェアで連絡

　Google Classroomやロイロノート・スクールでテスト範囲を子どもたち
に送信します。連絡忘れを防ぐだけでなく、欠席者にも確実に届けることがで
きます。また、学年の教員間で共有しておけば、子どもたちの学習状況を把握
することにもつながります。

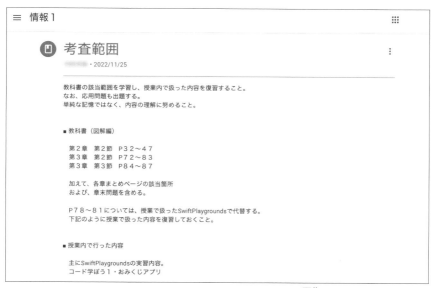

≡ 情報1

📖 **考査範囲**

　　　　　・2022/11/25

教科書の該当範囲を学習し、授業内で扱った内容を復習すること。
なお、応用問題も出題する。
単純な記憶ではなく、内容の理解に努めること。

■ 教科書（図解編）

　第2章　第2節　P32～47
　第3章　第2節　P72～83
　第3章　第3節　P84～87

　加えて、各章まとめページの該当箇所
　および、章末問題を含める。

　P78～81については、授業で扱ったSwiftPlaygroundsで代替する。
　下記のように授業で扱った内容を復習しておくこと。

■ 授業内で行った内容

　主にSwiftPlaygroundsの実習内容。
　コード学ぼう1・おみくじアプリ

画像はGoogle Classroomです

みんなの反応

同僚教員

　データが残るので、過年度のテスト範囲を確認しながら、授業
進度の調整なども行うことができて助かっています。

データ送信で欠席した子どもにも連絡は届きますが、子どもた
ち同士で声を掛け合ってほしい気持ちは変わらないです。

同僚教員

23 テストの作成

● アナログではどんな方法？

プリントを切り貼りして作成。または、PCでイチから作成

　定期テストや確認テスト・小テストなどのテストを作成します。その際、プリントを切り貼りしたり、PCを使ってイチから問題を作成したりします。難易度はもちろんのこと、レイアウトなども考慮しながら一つひとつ丁寧に問題を作っていきます。

こんなところが ちょっと悩み

　いずれの場合もイチから作るとなると手間がかかります。丁寧に問題と向き合いすぎて完成がギリギリになってしまうことがしばしばあります。

● デジタル化するなら？

テストの問題をクラウド共有

　PCなどで作成したテストの問題を、GoogleドライブやMicrosoft OneDrive などに保存します。教員同士お互いにテスト問題を確認し合うことができるため、テスト問題の質を高めることにつながります。なお、保存の際、フォルダ・ファイルごとの共有の権限設定（編集・閲覧コメント可・閲覧）に留意します。

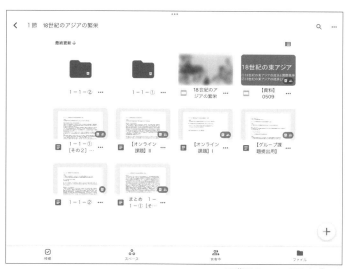

画像はGoogleドライブです

みんなの反応

同僚教員

> 初めてテストを作成するときに、何もないところから作成するよりも参考になる見本があってとてもありがたかったです。

> 出題が偏っていないか心配だったのですが、共有しているファイルで確認してもらい、指摘をもらえたので安心しました。

同僚教員

24 テストの採点

● アナログではどんな方法？

赤ペンで一人ずつ丸をつけ、点数の合計は電卓を使って計算

　一枚ずつ答案に赤ペンで丸つけをしていきます。ある程度効率よくするために複数の問題ごとに一度に丸つけをするなど工夫しながら行います。答案全体を見ながら採点をしていくので、一人ひとりの理解度やつまずきなどを総合的に読み取りながら進められます。

こんなところが ちょっと悩み

　急いで採点しようとすると、ミスが起きやすくなります。また、出題や受験人数が多いと、丸つけに加えて答案をめくる回数も増えて非常に時間がかかります。

● デジタル化するなら？

デジタル採点

　採点ナビなどのデジタル採点のシステムを使います。事前準備として模範解答をスキャナで取り込み、問題番号の場所を登録して各問題の配点を設定します。テスト後、子どもたちの答案もスキャナで取り込み、PC上に一覧で表示させて一つひとつ丸つけをして採点をします。

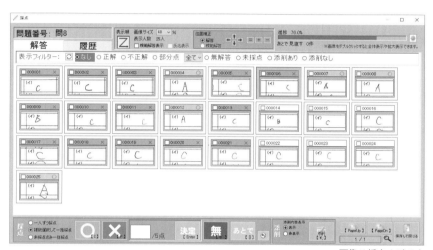

画像は採点ナビです

みんなの反応

大人数を採点するのはデジタル採点でも大変ですが、PC上に回答ごとに一覧で表示できるので、採点時間はかなり短縮されました。

同僚教員

最初は配点の設定など事前の準備に手間取りましたが、合計点が自動で出るなど計算ミスなく行えるので、もう元には戻れません。

同僚教員

25 テスト結果の集計と分析

● アナログではどんな方法？

電卓を使って点数を求めたり平均点を出したりする

　丸をつけた問題の点数を確認しながら電卓を使い計算していきます。大問ごとなど、ある程度の問題数でまとめて計算をし、最終的にはすべて合算して合計点を出します。また平均点を求めて成績判定の材料にします。

こんなところが**ちょっと悩み**

　電卓での合計は途中の間違いや、採点の修正があるとやり直しになってしまいます。また、テスト結果の分析は大変なので、平均点と比較する程度になってしまいます。

デジタル化するなら？

デジタル採点システムで集計

　採点ナビなどのデジタル採点のシステムを活用します。テストの採点が完了すると、自動で合計点や平均点だけでなく、各問題の正答率や、最高点・最低点、標準偏差まで出力されるので、テスト結果の詳細な分析ができるようになります。

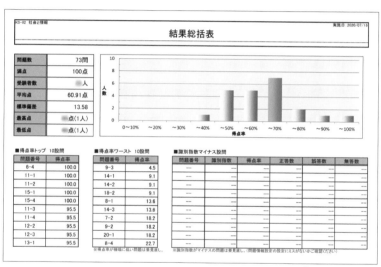

画像は採点ナビです

同僚教員

デジタル採点サービスの導入で、合計点だけでなく各問題の分析結果まで瞬時に出せるようになったのには驚きました。

平均点だけでなく各問題の正答率まで教えてもらえるので、自分がどの問題を確認すべきなのかがわかりました。

子ども

26 テストの返却

● アナログではどんな方法？

子どもに答案を手渡しで返却。模範解答も印刷して配付

　採点したテストを、授業中に返却します。併せて模範解答も配付します。答案を返却する際には一人ひとり手渡しで返していきますが、そこで表情を読み取ったり一声かけたりしてコミュニケーションを取ることができます。欠席者には後日手渡しします。

こんなところが ちょっと悩み

　テストが成績に直結しやすい場合ほど、残念なことですが、答案の改ざんが起きてしまうことがあります。

デジタル化するなら？

グループウェアで返却

　デジタル採点が終わると、答案は一人ずつ別々のPDFになります。これらをGoogle Classroomと連携させることで解答つきで効率的に返却することができます。ただし、答案と返却する生徒とを間違えないように十分気をつけて行う必要があります。

みんなの反応

PDFファイルでの返却なので、答案の改ざんが一切なくなりました。

同僚教員

紙で返ってくる場合でも、PDFで返ってくる場合でも、気になるのは正直なところ点数です。

子ども

27 成績処理

● アナログではどんな方法？

教務手帳から一覧表へ転記。記入後は紙媒体として保管

　子ども一人ひとりの名前と点数を確認しながら計算・転記していきます。この作業は、一人ひとりの到達度を確認する機会にもなります。複数の教員で、個々の成績をまとめた一覧表などの紙媒体を回覧し、成績が公正か確認していきます。

〇〇さん…73点
△×くん…81点

こんなところが ちょっと悩み

　成績処理の数が多くなると、どうしても計算や転記でケアレスミスを起こしてしまいがちです。

デジタル化するなら？

アプリで自動計算、教務支援システムで保存

　定期考査や学期ごとにMicrosoft Excelに点数を入力します。計算式を設定しておくと、自動的に成績を計算することができます。データは校務支援システムに移行し、クラウド上で管理します。また、定期的にバックアップを行うことで、災害などでの損傷や紛失の影響を受けづらくなります。

	A	B	C	D	E	F	G	H	I	J	K	L	M
1													
2													
3													
4				平均	52.5	43.2	78.4	57.0	3.4				
5													
6		番号	氏名	前期中間	前期期末	平常点	成績点	5段階	最終決定				
7	1001												
8	1002												
9	1003												
10	1004												
11	1005												
12	1006												
13	1007												
14	1008												
15	1009												
16	1010												
17	1011												
18	1012												
19	1013												
20	1014												
21	1015												
22	1016												
23	1017												
24	1018												

画像はMicrosoft Excelです

みんなの反応

同僚教員

合計点などで計算を間違うことがあったのですが、システムが自動計算してくれるので、ケアレスミスがなくなり、とても助かります。

システムを使った場合でも、チェックのときだけは成績を印刷して、データと照らし合わせるようにしています。

同僚教員

28 進路希望調査

● アナログではどんな方法？

調査用紙を子どもに配付、保護者確認（捺印）後、担任に提出

　定期的に子どもに進路希望調査用紙を配付し、記入してもらいます。提出の際に保護者確認（捺印）をもらうことで、選択に重みが生まれ、進路についてしっかりと考えることにつながります。用紙を回収後、Microsoft Excelのシートに転記し、データとして保存します。担任はその後の進路指導に役立てます。

こんなところが ちょっと悩み

　転記作業の中でも学校名（学部・学科）の入力は意外と時間がかかります。また、入力ミスが起きる心配もあります。

● デジタル化するなら？

グループウェアで配信しアプリで回答

　グループウェアで進路希望調査用のGoogleフォームのURLを子どもに配信し、入力してもらいます。その後、Googleスプレッドシートに書き出した入力情報を、進路部や学年の教員と共有します。その内容は校務支援システムに読み込むことで、面談資料に入れたり、次年度の担任に引き継いだりすることもできます。

２年４組個人調査

新しいクラスになりましたので、現在の自身の状況を教えてください。

（共有なし）アカウントを切り替える

*必須

氏名 *

回答を入力

希望進路（複数選択可）*

☐ ４年生大学
☐ 短期大学
☐ 専門学校
☐ 就職
☐ その他

希望進路（具体的に）

回答を入力

将来の夢・就きたい職業

回答を入力

送信　　　　　　　　　　　　　　　　　　　フォームをクリア

画像はGoogleフォームです

みんなの反応

回答をすぐにデータ化できるので、時間短縮に繋がり嬉しいです。用紙の保管の必要もなくなり、ありがたいです。

同僚教員

用紙を提出してしまうと、何を書いたか忘れてしまうことがありました。今は回答した内容がメールに届くので安心です。

子ども

29 生活アンケートの実施

● アナログではどんな方法？

学級（HR）活動の時間に用紙を配付。子どもたちはその場で一斉に回答

　担任は回収したアンケート用紙を一枚一枚確認していきます。手書きの回答は、文字の大小や濃淡（極端に小さかったり、薄かったりする）や筆跡（書き殴っていたり、グシャグシャに消しゴムで消していたりする）は、子どもたちの心理状態を反映していることがあります。

こんなところが ちょっと悩み

　悩みを抱える子どもは周りの目や時間が気になり、本音を書きづらかったり、何も書けないまま提出したりすることがあります。

デジタル化するなら？

アプリでアンケートを実施

　Googleフォームでアンケートを作成・実施します。アカウントへのログインを必須にした上で、学年・出席番号・氏名および相談内容（YES・NO、自由記述）などアンケート項目を設定します。子どもたちの回答については、Googleスプレッドシートに書き出して教員間で共有します。

みんなの反応

スクール
カウンセラー

　家で回答できたことで、周りの目を気にせずに回答できるようになったという子どもの声を聞きました。

　スプレッドシートで即座に情報共有できるので、学年全体がこれまで以上に子どもたちのことを気にかけるようになったと感じます。

同僚教員

30 二者面談

● アナログではどんな方法？

定期的に、昼休みや放課後に対面で面談を実施

　学期に一回程度、担任はクラスの子どもと昼休みや放課後の時間を使って、職員室や面談室などで面談をします。対面での面談は、何より子どもたちの表情や声色、反応などをダイレクトに感じることができます。

こんなところが ちょっと悩み

　コロナ禍で長期の休校になってしまったときは、面談はスケジュール変更を余儀なくされたり、中止したりしなくてはなりませんでした。

デジタル化するなら？

ビデオ会議システムでオンライン面談

　Google MeetやZoomなどのビデオ会議システムを用います。事前にグループウェアやメールなどで、招待リンク、ミーティングIDおよびパスワードを子どもに共有しておきます。時間になったら、担任はミーティングを開始し、子どもはそこに参加します。

今日も10時にはMeetを開けますね。
先生から評価が届きました。おそらく明日、打ち合わせをすると思っています。

◯◯◯さん
8月 17日 (水曜日)・午前10:00〜11:00
Google Meet の参加に必要な情報
ビデオ通話のリンク: https://
meet.google.com/◯◯◯-◯◯◯-◯◯◯
ダイヤルイン: (US) +◯◯◯◯◯◯◯◯◯◯ PIN:
◯◯◯◯◯◯◯◯◯

画像はロイロノート・スクールです

みんなの反応

同僚教員

コロナ休校期間中に戸惑いもありましたが、子どもたちの心理的安全性を高めたいと、学年で協力してオンライン面談を実施しました。そのおかげで今では、いつ休校になっても良いようにオンラインで面談ができる準備が整っています。

31 出席簿の管理

● アナログではどんな方法？

出席簿に欠席、遅刻・早退、公欠などを手書きで記入し、集計

　紙の出席簿に、欠席や時間単位での遅刻や早退、欠課などを記載します。理由により公欠扱いになるものもあり、処理も複雑です。中学・高校ではクラス単位で作成され、授業ごとに担当者が記録し、担任が週・学期・年間といった単位で集計します。学期末や年度末に誤りがないか点検をし、保管します。

こんなところが ちょっと悩み

　手書きや人の手による集計はミスも多く、確認作業には多くの時間を費やします。

デジタル化するなら?

校務支援システムで管理

　BLENDなどの校務支援システムを活用し、権限をもった教員が子どもの出欠席や遅刻・早退などの状況を確認します。複数の目で確認や編集をすることができるので、記入ミスなどの発見にも効果があります。学期や年間の出欠席についてはシステムにより自動集計されます。

2023年04月13日（木）								2023年04月14日（金）								2023年04月15日（土）								週内累計						年度内累計						
1	2	3	4	5	6	7	1日の出欠	1	2	3	4	5	6	7	1日の出欠	1	2	3	4	5	6	7	1日の出欠	出席日数	忌引	出席停止	欠席	遅刻	早退	出席日数	忌引	出席停止	出席すべき	欠席	遅刻	早退
社会	国2	英2	社会	理科	数2		1日の出欠	数1	美術	英1	国1	技家	理科		1日の出欠	保健体育	国2	数2					1日の出欠													
○	○	○	○	○	○		○	○	○	○	○	○	○		○	○	○	○					○	6	0	0	0	0	0	7	0	0	7	0	0	0
○	○	○	○	○	○		○	○	○	○	○	○	○		○	○	○	○					○	6	0	0	0	0	0	7	0	0	7	0	0	0
○	○	○	○	○	○		○	○	○	○	○	○	○		○	○	○	○					○	6	0	0	0	0	0	7	0	0	7	0	0	0
○	○	○	○	○	○		○	○	○	○	○	○	○		○	○	○	○					○	6	0	0	0	0	0	7	0	0	7	0	0	0
○	○	○	○	○	○		○	○	○	○	○	○	○		○	○	○	○					○	6	0	0	0	0	0	7	0	0	7	0	0	0
○	○	○	○	○	○		○	○	○	○	○	○	○		○	○	○	○					○	6	0	0	0	0	0	7	0	0	7	0	0	0
／	○	○	○	○	○		○	○	○	○	○	○	○		○	○	○	○					○	5	0	0	1	0	0	6	0	0	7	1	0	0

画像はBLENDです

みんなの反応

同僚教員

表簿であり正確な記録を残すというプレッシャーがありましたが、相互点検ができるので集計ミスの不安がなくなりました。

校務支援システムで記録することで集計の負担が軽減されました。見落としもなく皆勤賞のチェックも確実にできています。

同僚教員

32 所見の作成および確認

アナログではどんな方法？

所見の下書きを管理職・学年主任に提示し、学校からの文書として適切かどうか確認してもらう

　担任が常日頃、子どもたちの様子を見て記録していたものを基に作成します。作成にあたり、その内容や表現、誤字脱字などに注意を払います。教員間の相互チェックや管理職・学年主任の確認を経て清書し、完成となります。

こんなところが ちょっと悩み

　通知表は紙媒体で渡すものですが、作成や確認の段階でも取り扱いにとても神経を使います。

● デジタル化するなら？

校務支援システムで作成・確認

　校務支援システムを使い、日頃から書き留めておいたものをまとめて所見を作成します。ある程度の例文を用意して教員間で共有し、子どもに合わせてアレンジすることも可能です。教員間の相互チェックや管理職・学年主任の内容確認（点検）、修正もシステム内で行います。

みんなの反応

同僚教員

デジタルで行うことで、チェック後のシュレッダー処理の手間が省けました。

作成したファイルにパスワードをかけるなど、セキュリティ面も重要ですね。

管理職

33 通知表の作成

● アナログではどんな方法？

上質紙に手書きで通知表を作成

　一人ひとりの成績や所見など記入する内容を入念に確認した上で、まずは下書きをします。それから音読するなどしておかしなところがないかよく確認をして、丁寧に清書します。

こんなところが ちょっと悩み

　子どもの人数が多いと労力がかかり、精神的にもしんどくなります。また、記入ミスをすると書き直しにも時間がかかってしまいます。

デジタル化するなら?

校務支援システムで作成

　校務支援システムを導入すると、「素点の集計」や「評定の計算」、「出欠の記録」など通知表にかかる作業を自動化できるようになります。校務支援システム上で通知表を完成させ、上質紙に印刷して生徒に配付します。

みんなの反応

同僚教員

失敗したときに訂正印を押す手間もなくなり、作業的にも気持ち的にもかなりの負担軽減になりました。

Excelでシステムの自作も可能なのですが、作成や修正に手間がかかるので、校務支援システムの導入はとてもありがたかったです。

同僚教員

34 三者面談の日程調整

● アナログではどんな方法？

保護者にプリントで三者面談実施を案内し、日時の希望調査

　家庭通知を作成し、三者面談実施の案内および日程調整のための希望調査を行います。子どもから保護者へ調整用紙を渡してもらい、希望日時の確認、調整用紙の提出という段階を踏むことで、子どもと保護者間の予定の確認にもなります。決定日時は再度、家庭通知で連絡します。

こんなところがちょっと悩み

　家庭通知を配付しても、子どもが保護者に渡し忘れてしまうことがあり、日時調査がうまく進まないことがあります。

デジタル化するなら？

アプリで希望日時を回答

デジタル文書で「三者面談のお知らせ」を作成し、校務支援システムやメールで配信します。日時の希望は、Googleカレンダーで指定の期間内に名前を入力してもらったり、Googleフォームで希望日時を回答してもらったりして、締め切り後に担任が調整し、その結果を再配信します。

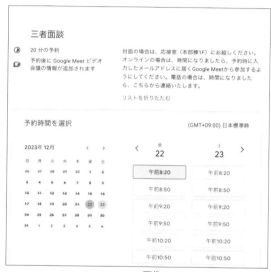

画像はGoogleカレンダーです

みんなの反応

保護者

三者面談のために仕事を休まなければならないので、実施の連絡と日時調査のアンケートが確実に届き助かっています。

デジタルのメリットもありますが、子どもが「必要なことを伝える」「期日までに提出する」ができるようになることも大切なことだと思います。

同僚教員

35 部活動・クラブの計画

◯ アナログではどんな方法？

計画表を作成して印刷し、子どもたちに配付

　子どもたちを休み時間や部活動の時間に集めて、計画表を渡し、重要事項の連絡などを併せて行います。休んでいる部員には別の部員から渡してもらうか、その子どもだけをもう一度呼んで再度同じ連絡をします。

こんなところが ちょっと悩み

　連絡が部員全員に行き届いたかどうかが確認できないところです。また、プリントをなくして予定がわからなくなってしまう子がいます。

アプリや校務支援システムで計画を配信

　Numbersなどで作成した計画表をロイロノート・スクールの「送る」を使うことで簡単に伝達できます。校務支援システムを使えば、子どもたちだけでなく保護者へも一斉送信することができます。また、ロイロノート・スクールの「共有ノート」を使って、子どもたちが計画を立てる機会を設けてみても良いかもしれません。

画像はNumbersです

みんなの反応

子ども

今まではよく計画表をなくしてしまうことがありましたが、配信してもらうことでそういったことがなくてありがたいです。

子どもが部活の予定を見せたり見せなかったりで困っていましたが、毎月の予定がわかるようになってよかったです。

保護者

会議のアナログ＆デジタル

●受け身の参加になった？

　学年会議や校務分掌会議では、ICTを活用することで、資料の配付や議事録の作成などがとてもスムーズに行えるようになりました。

　ところが、ある議題について教員同士でディスカッションするような場面では、自由に意見や考えを述べ合う時間にもかかわらず、なかなか意見が出なかったり、発言する人がいつも限られてしまったりという問題が起きてしまいがちです。デジタル化が進んだことで、端末を見ているだけの受身的な会議への参加が増えてきたように思います。

●付箋紙とペンに戻ってみたら

　試しにいったん端末を閉じて、同じテーブルを囲んでいる先生たちと、「付箋紙とペン」を使い、アイデア出しを行ってみることにしました。すると、みるみるうちにたくさんのアイデアが付箋紙に書き出されました。その後、一つひとつ読み上げながら付箋紙を貼り替えたり、優先順位を決めたりして、今までにないくらいに充実したアイデアを形にすることができました。

　グループ内の誰もが戸惑うことなく、スムーズに情報の可視化ができたことで、アットホームな雰囲気でありながら、忌憚なく建設的なディスカッションへとつながったように感じました。

　もちろんこうした活動は、アプリの共同編集機能を使うことでも十分可能ですし、その後の集約はICTを活用したほうが、かえって効率的かもしれません。

　ただ、操作に夢中になって会話が弾まなくなってしまうことや、ICTが得意な先生・苦手な先生で参加への気持ちに温度差が出ることがあります。全員がフラットに議論できたこと自体に価値があったのかなと思います。

　たまにはデジタルから離れ、アナログへ戻ってみることも必要なのかもしれませんね。

ほぼ毎年・行事ごと

36 遠足の下見

● アナログではどんな方法？

下見をして報告書を作成し、それを基に子どもたちに説明

　引率教員で実際に現地へ赴き、具体的な活動（例えば施設訪問など）や危険箇所の確認をします。それらを記録したメモを基に報告書を作成し、学校へ提出します。あわせて子どもたちや保護者に説明する資料も作成します。

こんなところが ちょっと悩み

　文字だけの報告では、注意事項などがうまく伝わらないことがあります。

デジタル化するなら？

写真や動画を取り入れて報告書・資料を作成

　引率教員が下見へ行ったときに撮影した写真や動画を子どもたちに配信することで、目的地のイメージを伝えるだけでなく、行程の確認や危険箇所への注意喚起にもなります。写真に文字を入れるなどして視覚的に伝えると効果的です。そのまま学校への報告書や保護者への説明資料にも活用できます。

画像はロイロノート・スクールです

みんなの反応

白黒印刷や文字だけの資料と違って写真や動画で説明があると、行程のイメージがつかみやすかったです。

子ども

前年のデータが資料として残っているので、改善点や反省などを十分踏まえながら今年の遠足の計画を考えることができました。

同僚教員

87

37 学級目標の話し合い

アナログではどんな方法？

子ども一人ひとりが発言し、学級（HR）委員が進行しながら話し合う

　学級（HR）活動の時間に代表者が前に立って、クラスの目標を決めます。あらかじめ目標を考えてきてもらう場合が多く、一人ひとりが意見を出したり、グループで話し合ったりしながら全員の意見を聞いていきます。

こんなところが ちょっと悩み

　発言できる子どもが限られたり、声の大きな子どもの意見に流されたりして、全員の意見を取り入れた目標になりにくいです。

● デジタル化するなら？

アプリで意見の共有

　ロイロノート・スクールの「提出箱」を使って意見を回収します。お互いの意見がわかるように回答を共有しますが、誰の意見かわからないように名前は非表示にすることで、内容にフォーカスすることができます。「共有ノート」で意見同士を組み合わせて目標を決める活動へ展開することも可能です。

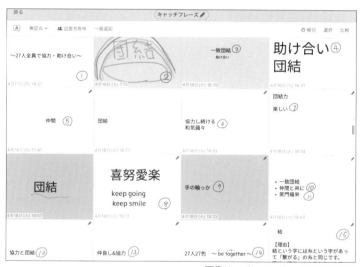

画像はロイロノート・スクールです

みんなの反応

子ども

新しいクラスですぐに発言をするのはとても緊張しますが、誰かわからないようになるので安心して意見が出せました。

全員がクラスをどう考えているのか「見える化」することができます。もしクラスでトラブルがあっても、ここに戻って話し合うことができます。

同僚教員

38 係や委員会の役割決め

● アナログではどんな方法？

学級（HR）活動の時間に係や委員会の役割を挙手などで決める

　クラスの係や委員会の委員などを学級（HR）活動の時間を使って決めます。多くの場合は、どの係や委員会を担当したいか挙手などで意思表示をします。担当人数はあらかじめ決まっているので、希望者が多数出た場合は話し合いや、じゃんけんなどで決めていきます。

こんなところがちょっと悩み

　リーダー的な役割をやってみたいと思っている子どもが、少し自信がなくて手を挙げるのに戸惑うことがあります。

● デジタル化するなら？

アプリで立候補を募ってから投票

　ロイロノート・スクールの「アンケートカード」を用いてあらかじめ立候補を募っておきます。立候補者が複数出た場合は決意表明などを発表し、その内容を受けて、Googleフォームやロイロノート・スクールの「アンケートカード」を用いて、クラス全員で投票します。

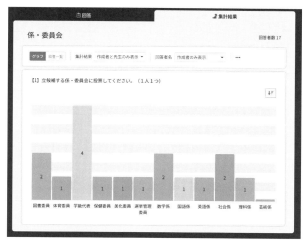

画像はロイロノート・スクールです

みんなの反応

同僚教員

事前に立候補を募ったことで、全員の前で手を挙げにくい子どものチャレンジしようという気持ちを引き出せたかもしれません。

かつては代表決定の際、声の大きい子や特定の子に偏り、平等ではない場面もありましたが、フォームなら対等な感じでできました。

子ども

39 健康診断の記録・保管

● アナログではどんな方法？

養護教諭が「健康診断記録票」に手書きで記録したあと、保健室で保管

　小規模校であれば、養護教諭が健診中に、「健康診断記録票」に直に記入します。ただし、ミスをしたときには訂正印を押す必要があり、かえって手間になってしまうので、多くの場合は健康診断後に、学校の用意した記録用紙から「健康診断記録票」に転記しています。

こんなところが ちょっと悩み

　大規模校では、養護教諭が行う転記作業はかなりの時間がかかります。また、保管義務期間中、場所の確保や紛失防止にも一苦労です。

● デジタル化するなら?

アプリや校務支援システムで記録・保存

　健康診断の担当教員は健診会場に端末を持参し、子どもたちの記録を Googleスプレッドシートに直接入力していきます。その後、養護教諭は各データを取りまとめ、校務支援システムにデータを移行し、クラウド上で管理します。

画像はGoogleスプレッドシートです

みんなの反応

養護教諭

教員が直接データ入力するようになったことで、不自然な点やミスもほぼなくなり、劇的な業務改善につながっています。また、データがクラウド管理されるようになり、紛失の危険性が下がっただけでなく、保管後の機密処理やシュレッダー処理も不要になりました。

40 授業参観の保護者への連絡と出席確認

● アナログではどんな方法？

案内文書を子どもに配付、保護者確認（捺印）後、出欠確認票を担任に提出

　出欠確認票つきの授業参観の案内文書を子どもから保護者に渡してもらいます。保護者は、出席・欠席のどちらかにマークと直筆のサインを記入し、捺印後に切り取り線に沿って切り取り、出欠確認票を子どもを通じて提出します。

こんなところが ちょっと悩み

　子どもが用紙を紛失するなど、連絡が届かないことがあります。また、出欠確認票を基にした集計作業にはとても時間がかかります。

デジタル化するなら？

校務支援システムやグループウェアで配信しアプリで回答

　BLENDなどの校務支援システムやGoogle Classroom、CYBER CAMPUSなど保護者アカウントを発行できるグループウェアで、保護者宛に案内を配信します。配信には出欠確認のためのアンケートを添付して、期日までに回答してもらいます。

画像はBLENDです

みんなの反応

子ども

親が早く書いてくれないのに、先生には早く提出するよう言われて板挟み状態でした。それがなくなって嬉しいです。

隙間時間に出欠入力できるので以前に比べて楽になりました。また、職場からでも予定が確認できるため、助かっています。

保護者

41 懇談会

● アナログではどんな方法？

資料を作成して懇談会で配付。担任が資料をもとに話す

　担任や学年で作成した資料に沿って懇談会を進行します。クラスや学年の様子、今後の予定や行事などが近い場合にはその説明など、担任が一通り話します。その後、意見交流を行います。保護者が話しやすいように、事前にテーマを伝えることもあります。

こんなところが ちょっと悩み

　保護者としては自分の子どもの話を聞きたい場合が多いのですが、全体的な話や一方的な連絡事項だけで終わってしまうことがあります。

デジタル化するなら？

スライドショーやアプリ体験会

　懇談会では、学習場面や行事の写真などを順番に見せていくだけでも雰囲気が和みます。また、子どもが使っている学習支援アプリなどを保護者に体験してもらうのも良いでしょう。例えば、懇談会で聞きたいことをその場でGoogleフォームに回答するだけでも、保護者は子どもの学びを体験できます。

みんなの反応

保護者

子どもが学校でどんな学習をしているのかを写真で見せてもらうだけでなく体験までできて、とても新鮮でした。

普段から写真をちょっとずつ撮っておけば、特に加工などしなくてもすぐに見せられて、準備に手間がかからなくなると思いました。

同僚教員

42 文化祭などの企画の話し合い

● アナログではどんな方法？

学級（HR）活動の時間に話し合ったり、放課後に代表者が会議

　学級（HR）活動の時間に、子どもたちが意見を出し合って話し合います。または、代表者が放課後などに残って企画について考える場を設けます。お互いに意見を出し合い、意見交換しながら取り組むので、全員で企画を進めていくことができます。

こんなところがちょっと悩み

　話し合いができる時間が限られ、提案一つひとつの吟味や磨き上げが難しく、表面的な意見しか集まらないまま、最終的には多数決となってしまいがちです。

デジタル化するなら?

アプリで企画・アイデアを募って、分類・整理し提案

　ロイロノート・スクールの「共有ノート」を使い、まずは代表者で企画や運営の方法など、思いつく内容を書き出して共有します。そこで議論した内容を分類・整理することで、効率的に企画の内容を磨いていくことができます。この共有ノートをもとに提案すると、クラスでの話し合いがスムーズに進みます。

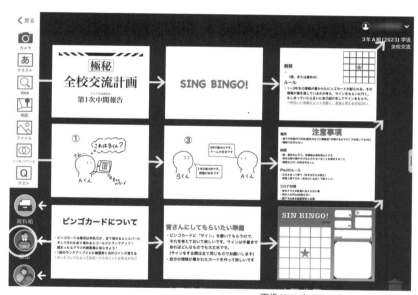

画像はロイロノート・スクールです

みんなの反応

子ども

　カードだと自分の意見を出しやすかったです。積極的に企画に関わることができたように思います。

　クラス全体の意見を見渡せたのと、カードの色分けで意見の整理がしやすかったのも良かったです。

子ども

43 修学旅行のしおり

● アナログではどんな方法？

紙のしおりに事前学習や予定を印刷し、それらを参考にして旅行の確認をする

　紙のしおりは修学旅行の思い出を色濃く残してくれるものです。しおりには、旅行の目的や行程、持ち物に加えて、グループの割り当てや事前学習の内容、宿泊時の注意事項や研修先でのメモ欄、旅行を終えてからの振り返りページなど必要な項目がすべて載っています。

こんなところがちょっと悩み

　内容が充実していればいるほど、かなりのページ数になってしまいます。また、重要事項が埋もれてしまいがちです。

● デジタル化するなら？

アプリで資料共有

　事前の調べ学習の内容や振り返りページなどは、紙のしおりに掲載せずPages などで作成したものをロイロノート・スクールの「提出箱」などを使って共有するようにします。これによって、紙のしおりの内容を厳選することができ、目標や持ち物、行程表など旅行中に大切にしたい部分がわかりやすくなります。

画像はPagesです

みんなの反応

子ども

紙のしおりが薄くなって持ち運びやすかったし、行程などが確認しやすくて良かったです。

一人一台端末を持って行けるのであれば、子どもたちとデジタルのしおりを作成したらおもしろそうだなと思います。

同僚教員

44 学校説明会の参加受付

● アナログではどんな方法？

紙媒体で案内を作成し、学校経由やハガキ、電話で参加申込みを受け付ける

　受験希望者の在籍する学校に説明会開催の案内を配付、子どもたちに呼びかけてもらいます。参加の申込みは、学校ごとに取りまとめてもらう方法や、申込み用ハガキや電話で受け付けます。それらを集計し、参加者名簿の作成をしたり、参加人数に合わせて資料・会場の準備をしたりします。

こんなところが ちょっと悩み

　参加者の集計や名簿作成にはかなりの時間・労力を要します。また、参加者の学校にも負担をかけることになります。

デジタル化するなら?

アプリで申込み・名簿作成・メール連絡

Microsoft FormsやGoogleフォームを利用し、参加申込みができるように
します。学校ホームページ上の開催の案内に申込み窓口につながるURLを掲
載し、そこから登録してもらいます。その際に氏名・学校名のほか緊急連絡先
も入力事項に加えれば、参加者名簿作成だけでなく、予定変更などの緊急連絡
も可能です。

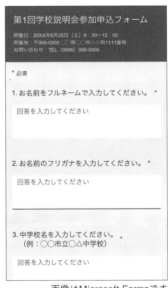

画像はMicrosoft Formsです

みんなの反応

事務的な作業に時間がかからない分、空いた時間を説明会の準
備に使うことができました。

同僚教員

URLからすぐに申込みができました。申込み確認や、大雨に
よる予定変更の連絡もメールで届き助かりました。

子ども・
保護者

45 行事や式典

アナログではどんな方法？

保護者や来賓は、現地に集まって参観・参列

　学校行事や式典では、保護者や来賓は現地に集まって参観・参列する形を取っています。運動会や文化祭、入学式や卒業式などには、その場でしか味わうことのできない感動があります。

こんなところが ちょっと悩み

　多くの行事は平日に行われるため、来校できる保護者は限られます。仕事を休むことができない保護者は、子どもから話を聞くしかありません。

デジタル化するなら？

ライブ・オンデマンド配信

　配信には、PC・タブレット端末・スマホ（インターネット・カメラに接続可能）を使います。学校の公式アカウントから限定公開で、YouTubeでライブ配信をしたり、Zoomなどで録画したデータ（URL）を校務支援システムなどを通じて保護者に共有したりします。

みんなの反応

コロナ禍で、運動会に参加できる保護者が一家庭一人に限られて観に行けなかったのですが、配信で子どもの勇姿が見れて良かったです。

保護者

保護者

当日、保護者席からは背中しか見えなかったのが、卒業証書を受け取る子どもの顔を動画で見ることができて嬉しかったです。

46 文集などの原稿の作成・入稿

● アナログではどんな方法？

原稿用紙を配って提出させ、代表作品を選定して入稿

　子どもたちに原稿用紙を配付し、行事の思い出やクラス紹介などのテーマで文章を書いてもらいます。学級（HR）ごとに回収し、担任や文集担当者が文章の確認・選定をします。その後、手書き原稿をMicrosoft Wordで打ち直してから印刷業者に入稿します。

こんなところが ちょっと悩み

　手書きの原稿の中には読みにくい文字もあり、文章の確認・選定作業は相当な時間がかかります。また、打ち直し作業も一苦労です。

● デジタル化するなら？

アプリで作成し、メールでデータを入稿

　初めから、子どもたちはテキストデータで文章を作成し、ロイロノート・スクールの「提出箱」などを使って提出します。教員は提出された文章を一覧で表示して内容をチェックします。それから代表作品を選定し、文章の校正をしたあと、データを印刷業者にメールで入稿します。

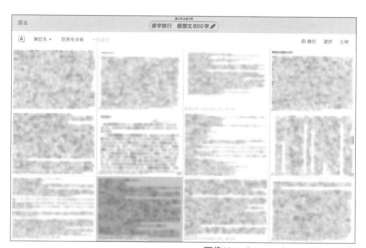

画像はロイロノート・スクールです

みんなの反応

年度末の忙しい時期だったのですが、データだと読みやすく、手書きの時と比べてチェックにそこまで時間がかからずに済みました。

同僚教員

原稿用紙だと書き直しが面倒でしたが、ロイロノートでの作成になって、ストレスなくできました。

子ども

47 指導要録の作成

● アナログではどんな方法？

行動の記録や学習の記録とその評価をまとめ、所定の用紙に下書き、清書

　学習活動内容やクラス内における活動など行動の記録を文章にまとめます。子どもの在籍中の記録を下書きし、清書するという手書き作業の時間は、その子どもの成長の様子がしみじみと思い返され、感慨深くなることがあります。

こんなところがちょっと悩み

　指導要録は「在学する児童生徒の学習の記録として作成するもの」であり、その作成には大きな責任と、かなりの時間を要します。

● デジタル化するなら？

アプリと校務支援システムで作成

　行動の記録や総合所見など指導要録記載項目のテンプレートをMicrosoft Excelなどで作成しておきます。それらをアレンジしながら校務支援システム上で入力します。システム上で行うことで、成績や出欠席データの読み込み、転記が可能になります。書き直しや教員間の相互点検も容易です。

コメント サンプル1	コメント サンプル2	コメント サンプル3	コメント サンプル4
保健副委員長ありがとう。部活と勉強の両立をこれからも応援しています！	部活と勉強の両立ができています。安定した学校生活であり、将来希望する薬剤師になるための努力をし続けています。この調子で、益々の活躍を期待しています。	定期演奏会素晴らしい演奏でした！	保健副委員長ありがとうございました！誠実さに救われました！
体力テストA素晴らしいです。部活と勉強の両立をこれからもやり続けましょう。	学校の授業を中心とした学びを続けましょう。授業の内容、復習、課題を確実にやり遂げることで、考え抜く力がつきます。部活も体力や精神力を鍛えることができます。	残り半年！応援しています！	あともう少し！キャプテン応援しています！
一つ一つの課題提出を大切にしましょう。	日々の授業課題を確実に提出し続けることで、学習成績の向上が期待できます。希望する進学先実現のために、評定平均を高めていきましょう。	やるべきことをこれからも大切に！	全国大会出場おめでとう！この勢いでさらなる高みへ！
終礼奏楽ありがとう。この調子で、音楽と日常的な学習を大切にしよう。	目標をもって、誠実に専門の音楽と教科学習を深め続けた1学期でした。夏のレッスンや、音楽の課題をやり遂げながら、音楽の楽しさを深めていこう。	入賞おめでとうございます。コンクールと併行しながら、日々の学校生活も充実させることができています。	さらなるアート思考の世界へ！
終礼奏楽ありがとう。音楽のエンターテーナー目指してこれからも音楽と勉強を深めていきましょう。	何事も計画的に取り組んでおり、目標達成のための努力を素晴らしいと思います。益々の充実した夏休みになりますよ！	アドヴェントコンサート癒されました！	これからも計画と実行を大切に！
いろいろなサポート感謝です。ツル制作楽しみです。どんな形で展示しましょうか！	1学期の様々なサポートをありがとうございました。2学期も体育大会や活水祭など、どうぞよろしくお願いいたします。	図書委員長の活躍素晴らしいですね。	折り鶴制作ありがとうございました！図書員長活動も感謝で！
コンクールは体力勝負でもあると思います。自由自在に取心満載に！	今夏も自分自身のペースを守って、目標達成に向かってやり遂げましょう。	コンクールのお話ありがとうございました！今度はお薦めの本もぜひ紹介してください！	コンクールの本がとうございました！今度はお薦めの本もぜひ紹介してください！
英検、漢検受験応援しています。チャレンジし続けることで、これからの飛躍につながります。	ダンス部の活動も充実していました！英検、漢検も努力しており、目標に向かって一歩一歩近づいていると思います。受験し続けましょう。	漢検ファイト！	英検、漢検これからも受験し続けましょう！
体力テストA素晴らしいです。部活と勉強の両立をこれからも大切に。	部活と勉強の両立ができています。さらに、日々積極的に何事も取り組んでおり、時間の使い方も上手だと思います。理想のGAに必要なことを逆算しながら、今やるべきことを実践し続けましょう。	定期演奏会素晴らしい演奏でした！	教育実習生への制作ありがとうございました！！誰かを喜ばせることができる人は、喜びの人生が膨らみます！
部活と勉強で忙しい中ですが、国語力と読書の量は比例すると思います。	部活と勉強の両立ができています。部活動の学びは、音楽だけではなく、人間関係や、目標達成の過程、微調整など多岐にわたります。互いを支え合い、充実した夏休みになりますように。	定期演奏会素晴らしい演奏でした！	企画広報活動楽しみにしています！
バスケットボールの活躍は見事でした。球技大会の活躍を楽しみにしています！	学習面では、このままの勉強方法では1年次よりも評定平均が下がる傾向にあります。部活動の活躍とともに、勉強方法も工夫していきましょう。持ち前の明るい性格と元気が、成績上昇にもつながります。	高総体へ向けてファイト！	これからもキャプテンを支えてください！クラスの笑顔をありがとう！

画像はMicrosoft Excelです

みんなの反応

同僚教員

　総合所見の作成は時間と労力を要しますが、データの転記ができることはありがたく、大幅な負担軽減になっています。

　指導要録の作成は学年末に行うため、成績処理や学級じまいの準備などに追われます。少しでも効率よく行えるのは助かります。

同僚教員

48 クラス替えの検討

● アナログではどんな方法？

ネームプレートや顔写真を使って並べながら検討

　各クラスのネームプレートや顔写真などを使い、学年主任と担任が話し合いによって決めていきます。クラスを引っ張っていける子、ピアノが弾ける子、配慮が必要な子などをどのように配置するかを考えながら案を作成します。最終的には全体のバランスも見ながら次年度のクラスを決めます。

う〜〜ん…

田中　本田　谷　鈴木　長　松本　山田　谷山　中　島田　山崎　山本

こんなところが ちょっと悩み

　クラス替えで考慮したい点は多岐に渡るため、手作業だけでは確認項目を把握し切るのは難しいです。

デジタル化するなら？

アプリで新クラスを作成

　Microsoft Excelに子どもの情報（成績、過去のクラス、性格など）を入力します。子どもそれぞれの先頭列に新クラスの1や2を振っていきます。そのクラスを例えばVLOOKUP関数を使って、名前だけでなく情報も読み取らせて一覧表にしていきます。これによって偏りが少ないクラス編成になります。

みんなの反応

同僚教員

ネームプレートや顔写真だけでクラス編成するよりも様々な角度から考えられ、より良い編成ができるようになりました。

Excelが得意な教員に作ってもらってから使い続けています。ピアノができる子や部活動のバランスなどもわかり重宝しています。

同僚教員

49 業務の引き継ぎ

● アナログではどんな方法？

前任者が作成した書類をファイリングして、紙ベースで共有

　前任者、もしくはそれより前の担当者が作成した書類を、引き継ぎ資料として受け継ぎます。紙の資料には「俯瞰しやすく、加筆もしやすい」という良い点があります。素早くメモができ、記載された内容全体を一度に見ることができるので、見通しがもちやすいです。

こんなところが**ちょっと悩み**

　資料が詳細であれば詳細であるほど量が多くなり、持ち歩くことが困難になります。また紛失も心配です。

デジタル化するなら？

共有フォルダで引き継ぎ資料を保存

　資料のPDFファイルやMicrosoft Word、Googleドキュメントなどのファイルを、Googleドライブや学内の共有サーバなどに保存します。年度ごとにフォルダを整理しておけば、過年度にさかのぼって内容の確認をスムーズに行うことができます。

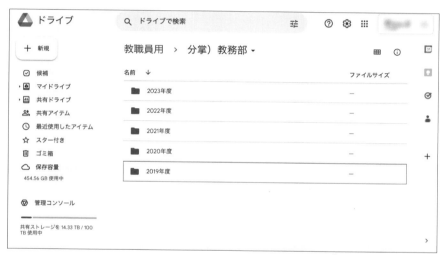

画像はGoogleドライブです

みんなの反応

管理職

> 担当の教員が異動したり退職した場合でも、業務が止まらなくなりました。

> 打ち合わせ＆メモ用に大まかなレジュメを印刷し、詳細をデータにすることで、引き継ぎが楽になりました。

同僚教員

特別活動のアナログ＆デジタル

◉遠足を例にした流れ

年間を通して行われる特別活動。4月は新入生歓迎や新しいクラスの仲間と親睦を深めるといった目的で、遠足を実施する学校もあると思います。

遠足の準備は、教員の下見から始まります。安全確認ポイントの写真や動画の撮影、ルートの地図を作成したりして、必要な情報をまとめます。その後、下見や子どもたちとの話し合いを基に、必要な備品の買い出しをしたり、校内の関係部署に報告したりして、調整・検討をします。

一方、子どもたちは、当日行うゲームのアイデアを出し合ったり、司会進行の原稿をまとめ、リハーサルを重ねたりします。問題点があれば子どもたちに伝えて改善を促します。

こうしたサイクルを繰り返しながら、遠足は実施へと向かっていきます。

◉時には直接の声掛けを

子どもたちとのやり取りに、今やICTの活用は不可欠になっています。グループウェアやチャットは即時性があるだけでなく、内容が蓄積され、経緯も記録されるので、「情報の共有」という点でとても有効な手段です。

しかしながら、担当教員が多忙を極めている場合など、すぐに子どもたちへの返答ができないこともあります。教員の回答を待っている子どもたちは不安になります。また、回答をしても、活字だけではニュアンスが十分に伝わらないこともあり得ます。

ICTを的確に活用しながらも、必要に応じて、子どもたちと直接話をすることも大事だと思います。例えば、労をねぎらったり、アドバイスしたり、お礼の言葉をかけたりするときは、やはり、直接声を掛けたほうが伝わります。嬉しい言葉をかけられると、お互いに気持ちが和みますよね。

4 章

不定期

50 子どものトラブル対応

● アナログではどんな方法？

子どもに聞き取りをしながら、手書きのメモを残す

　一人ひとりを別室に呼び、対面で話を聞きます。事実の確認や経緯、問題点について複数の教員で聞き取りをし、手書きのメモを残します。そのメモをもとに学年の教員で話し合いをしたり、保護者への連絡を行ったりします。

こんなところが ちょっと悩み

　ノートなどへの手書きのメモの場合、各教員のメモを集約したり、データとしてまとめ直したりする手間が加わります。

デジタル化するなら？

アプリで記録・共有し、データで保管

　ロイロノート・スクールやGoogleドキュメントを使い、聞き取った内容を記録します。デジタルのメモであれば、リアルタイムに教員間で共有することが可能です。また、入力されたデータは、クラウド上で一元管理できます。

みんなの反応

同僚教員

データで一元管理できるようになったことで、各教員が取ったメモを持ち寄って話していた時より、事実の確認などスムーズです。

子どもの話をパソコンを打ちながら聞くのはあまり好きではないので、タブレットに専用のペンでメモを取れるのが良かったです。

同僚教員

51 保護者への連絡

● アナログではどんな方法？

学校や学年・クラスの連絡は文書を郵送。個別の連絡は電話で

　学校や学年全体の連絡、成績や学級通信などをクラス単位で連絡する場合は、担任が文書を封詰めしたあと、事務職員が郵送手続きを行います。クラスの子どもに個別に連絡をする場合は、担任から保護者に電話をかけます。要件に加えて、子どもの最近の様子などを伝え合う機会にもなります。

こんなところが ちょっと悩み

　郵送は事務職員の作業量が膨大です。電話がつながらないと、折り返し電話を入れたりしなければならず、かける側も受ける側も負担になります。

● デジタル化するなら？

校務支援システムで連絡

　校務支援システムを活用して、保護者に連絡します。これまで郵送していた文書は、PDF形式でファイルとして添付することができます。送信対象を学校全体、学年、クラス、該当の子どもから選択できるので、電話連絡の代替もこのシステムを通じて可能になります。

画像はBLENDです

みんなの反応

事務職員

文書の印刷、宛名ラベルの作成、サイズや重量の確認、代金の計算などが一切なくなり、劇的な業務改善につながりました。

情報がすぐに届く上に、スマホで手軽に確認できるので便利です。個別連絡は電話にこだわらず、メールも検討してほしいです。

保護者

52 各種検定の申込み

● アナログではどんな方法？

申込み用紙を現金と一緒に集め、申請用のシートなどに転記

　英語検定や漢字検定など様々な検定があります。学校で一括して申込みを行う場合、子どもたちが手書きで情報を記入した申込み用紙と検定費用の現金を合わせて集めます。集めた用紙を基に、検定協会側が指定するMicrosoft Excelのシートなどに転記していきます。

こんなところが ちょっと悩み

　転記する際に、子どもが申込む級などを間違えて転記しないか、不安になります。間違えないようにとても神経を使います。

デジタル化するなら？

アプリで申込み

　Googleフォームなどを活用して学内申込みを行います。氏名などの基本的な情報に加え、申し込む級や所持している級など、検定協会の申込み用紙と同じ内容を質問項目として設定しておきます。回答をGoogleスプレッドシートに書き出したあと、検定協会が指定するシートなどにコピー＆ペーストします。

受験級確認フォーム

（共有なし）アカウントを切り替える

*必須

取得者への質問

何級を取得していますか。 *

○ 2級

○ 準2級

○ 3級

○ 4級

何級を受験しますか。 *

○ 3級

○ 4級

○ その他

画像はGoogleフォームです

みんなの反応

同僚教員

回答が子どものメールにも届くので、申込みに誤りがないか確認し、誤りがあれば訂正するように伝えることで、ダブルチェックが可能です。

転記の必要がなくなり校務改善につながっていますが、正式な書類の書き方を子どもが身につける機会も、別途設ける必要性を感じます。

同僚教員

53 子どもが作成した文章の添削

アナログではどんな方法？

子どもが作成した文章に、赤ペンでチェックを入れ、修正などを提案

　提出された用紙に、赤ペンで気づきや修正点などを書き込みます。昼休みや放課後の時間を使って、それを一緒に見ながら対話を重ね修正していきます。直接のやり取りは、子どもの理解度などを逐一確認しながら行うことができる良さがあります。

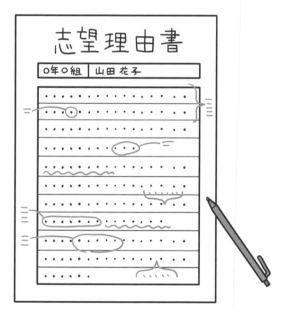

こんなところがちょっと悩み

　書き込みが増えると読みづらく、作成枚数が何枚にもなると遡ることが難しくなります。また、添削したものを返却するまでに時間もあいてしまいます。

デジタル化するなら？

アプリで添削支援

　子どもと共有したGoogleドキュメントを活用します。子どもが書いた文章に、教員はコメント機能を使い気づきや質問を書き込んでいきます。この書き込みはすぐに反映されます。コメントの返信を通して、子どもとやり取りが可能です。また、提案機能を使うと、修正内容を提示することもできます。

画像はGoogleドキュメントです

みんなの反応

子ども

先生からのコメントで、自分が書いた志望理由書にはどのようなことが欠けていたり、伝わりにくかったりするのか考えることができました。

これまでは放課後に子どもを呼び出してアドバイスをしていましたが、ドキュメント上でやり取りできるようになり、お互い良かったと思います。

同僚教員

54 面接練習

● アナログではどんな方法？

入室・挨拶・退室の仕方、質問の受け答えなどをプリントにまとめて指導する

　面接の流れやポイントなどをプリントにまとめ、その内容を確認しながら対面による指導を行います。昼休みや放課後に子どもと時間を合わせ、必要に応じて複数回実施します。面接時の緊張感を味わるだけでなく、細かな動作の指導を身振り手振りで伝えることができます。

こんなところが ちょっと悩み

　子どもの不安を取り除き、自信をもって面接に臨めるよう丁寧な指導が必要となります。しかし、会議などで時間が取れないこともあります。

面接練習用動画の作成、練習風景の録画

　面接練習用の動画を作成し配信します。動画を通して、子どもは面接の流れや動作を繰り返し何度も確認することができます。また、実際の面接練習の様子を録画しておけば、自身の受け答えなどを客観的に見て、改善点に気づくこともできます。

みんなの反応

子ども

録画を見ながら、友達とお互いにチェックしています。先生からのアドバイスも動画に残っているとありがたいです。

実際の動作などを動画にしておくことで、文字情報だけではわかりづらかった点をスムーズに説明できるようになりました。

同僚教員

55 出張申請

● アナログではどんな方法？

申請書に記入・捺印し、管理職や部長職、事務職員に回覧

　教員はさまざまな理由で出張をします。その度に、出張申請書に必要事項を記入・捺印し、管理職や部長職、事務職員に回覧し捺印をもらい、申請が受理されるという手続きを踏みます。また、申請書を回覧する前に、出張の目的や内容を管理職に説明します。

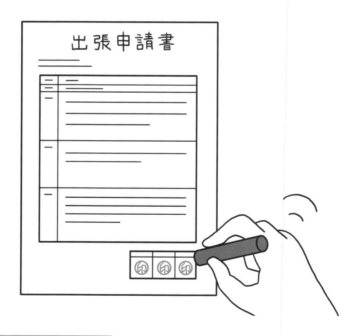

こんなところが ちょっと悩み

　定期的なことでもすべて同様の手順を踏む必要があり、申請する教員も許可を出す教員も、その度に捺印などの手間が生じます。

デジタル化するなら？

アプリで申請・受理

　Googleフォームなどアカウントと紐づくアンケートフォームを活用します。既存の申請用紙と同じ内容の質問項目を設定します。申請する教員が回答すると、許可を出す管理職・部長職全員にメールが届くようにプログラムします。許可できない場合のみ、管理職から申請者に通達するようにします。

校務）出張願い

アカウントを切り替える

このフォームを送信すると、メールアドレスが記録されます

*必須

出張内容の入力

日付 *

YYYY　　MM　　DD

／　／

期間 *

選択　　　▼

学校出発時刻 *

時刻

：

画像はGoogleフォームです

みんなの反応

同僚教員

これまで通り、事前に口頭で許可を得た上で申請をするようにしていますが、フォームで申請できるようになって負担が減りました。

大量の捺印作業がなくなり、助かっています。許可を出した内容もメールに残るため、失念することもありません。

管理職

56 関係各所とのメールのやり取り

● アナログではどんな方法？

学校代表アドレスを用いて、管理者を通じてメールの送受信を行う

　学校代表メールアドレスに送信し、その学校の管理者経由で転送され必要な連絡を伝えてもらいます。代表メールアドレスは事務課または特定の教員が管理者となっており、管理者が日々メールチェックを行い転送または返信などの対応をしています。

こんなところが ちょっと悩み

　管理者しかメールチェックできないことで、急を要する案件にも関わらず、対応が遅れるなどの支障が出てしまうことがあります。

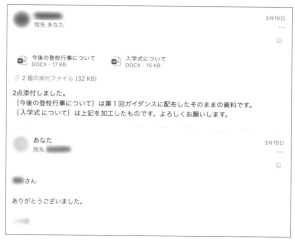

● デジタル化するなら?

一人一アカウント配付

　教職員一人ひとりにメールアドレスとアカウントを配付します。それぞれが学校のパソコンまたは個人の端末からメールを作成・送受信して、関係各所とやり取りをするようにします。

画像はMicrosoft Outlookです

みんなの反応

同僚教員

学校代表アドレスで行ったほうが良いやり取りもありますが、時間もかからず、管理者の教員に依頼する手間も省けるのが良いです。

部活動関係のことなど、内容によっては個々にやってもらったほうがスムーズです。転送件数も減り、他の仕事に時間をかけられます。

担当教員

57 教育実習生との打ち合わせ

● アナログではどんな方法？

実習期間前や実習中に空き時間などを利用し、時間を合わせ対面で行う

　教育実習前には担当する授業の内容や進度、学級（HR）指導における留意点などを打ち合わせます。実習が始まると、授業実習の振り返りや児童・生徒対応についてアドバイスを行います。対面で行うことでやり取りも円滑に進み、また具体的なアドバイスも伝わりやすく効果的です。

こんなところが ちょっと悩み

　教育実習生の指導のほかに、日常の校務も抱えているので、指導案の確認や板書指導などに時間を割くのが難しいときがあります。

デジタル化するなら？

メールやチャット、オンラインで打ち合わせ

　メールやチャットを利用し、授業実習や学級（HR）指導における必要事項のやり取りをします。実習期間前や実習中に、実習生に授業計画などの資料を送ったり、送られてきた指導案の確認やアドバイスを行ったりします。ビデオ会議システムなどであれば資料提示しながらの話し合いも可能です。

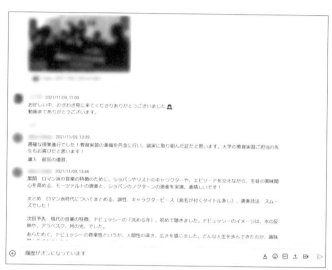

画像はGoogle Chatです

みんなの反応

母校とはいえ現住所からは遠かったので、オンラインで打ち合わせができ、交通費もかからず助かりました。

教育実習生

教育実習中に不在でも、オンラインで相談に乗ってあげるなどして、実習生の不安を少しでも和らげられたらと思います。

同僚教員

58 他校の教員との打ち合わせ

● アナログではどんな方法？

日時・場所を幹事校や代表者が決め、要領をメールやFAXで連絡

　部活動関係や各種研修会などさまざまなコミュニティで定期・臨時に打ち合わせをします。開催日時や場所を幹事校や代表者が決め、メールやFAXで連絡、出欠調査を行い開催します。資料も当日印刷物として配付されます。出席する場合、授業の振替えなどを行い、授業に支障がないよう手配します。

こんなところが ちょっと悩み

　勤務校から遠いと、移動時間や出張旅費がかかります。移動時間によっては授業を振り替える時間数も増え、他教員の負担も生じます。

デジタル化するなら？

オンラインで打ち合わせ

　ビデオ会議システムを使いオンラインで打ち合わせをします。録画ができるため、それを共有することで欠席者も打ち合わせ内容をあとから確認できます。また、会議資料をメールに添付して送信することで、郵送も不要となります。

みんなの反応

同僚教員

　学校を抜けると業務が滞り、帰着しても退勤が遅くなります。オンライン会議により、移動時間が削減できるだけでも嬉しいです。

同僚教員

　オンラインだと会場の準備の必要もなく、離島など遠方の教員も移動の負担なく参加できるので、開催しやすくなります。

59 学校のブログ・サイトの更新

● アナログではどんな方法？

HTMLなどに詳しい教員が編集・更新

　Webページを作成するための言語であるHTMLに詳しい教員が編集して、ブログやサイトを更新します。担当する教員の趣向が凝らされたものに仕上がります。場合によっては、レンタルサーバなども、その教員が契約をします。

こんなところがちょっと悩み

　担当者が異動や退職した場合に、更新が止まってしまう学校をよく見かけます。また、レンタルサーバの情報を紛失して困っているという声も聞きます。

Webページを作成・管理するシステム（CMS）で更新

　Wordpressを導入すると、HTMLの知識がなくてもサイトの更新はとても楽に行えます。ほかにもCanvaやGoogleサイトにはテンプレートが豊富にあるため、更新に必要な専門知識がほとんど不要で直感的な操作が可能です。特定の教員に頼る必要がなくなります。

画像はCanvaです

みんなの反応

「詳しい人がやれば良い」という考えから、皆が分担してやったほうが負担が偏らず、良いものができるという考え方に変わってきています。

管理職

子どもたちがGoogleサイトで生徒会のホームページを更新しています。誰でも簡単にできると評判です。

同僚教員

60 学年の懇親会

アナログではどんな方法？

回覧板を使って出欠を集計し、開催日時を決定

　幹事の教員は、候補日時を記した日程調整の用紙を作成し回覧します。回覧板が幹事の手元に戻ってきたところで出欠を集計し、出席者が最も多い日を開催日に決めます。それから、お店に電話をして予約を取って学年全体に周知します。

こんなところが ちょっと悩み

　ゼロから出欠表を作ったり集計したりするのは幹事の教員の負担です。また、回覧板がまわるまでに時間がかかることもしばしばです。

● デジタル化するなら？

出欠管理・日程調整ツールで日時を決定

　出欠管理・日時調整ツールを使い、候補日を入力して出欠表を作成し、それに紐づくURLをグループウェアで共有します。複数の候補日から、出席・未定・欠席をそれぞれ入力すると、一瞬で出欠表ができあがります。コメント欄を使ってコメントを入れることも可能です。

日にち候補													
※各自の出欠状況を変更するには名前のリンクをクリックしてください。												出欠表をダウンロードする	
日程	○	△	×	てら	くろかわ♡	しぶや	テツノスケ	まつした	みうら	ナガサカ	おぎそ	いわながたかふみ	米田
4/24(月)19:00~	3人	4人	3人	○	×	×	△	○	△	△	○	△	×
4/25(火)19:00~	1人	6人	3人	△	×	×	△	○	△	×	×	△	△
4/26(水)19:00~	4人	2人	4人	○	△	×	○	○	×	○	○	×	×
4/27(木)19:00~	2人	6人	2人	○	△	△	△	○	×	△	△	×	△
4/28(金)19:00~	10人	0人	0人	○	○	○	○	○	○	○	○	○	○
コメント				焼肉行きたい🍖	よろしくお願いします。	×が多くてすみません！△は家庭内調整次第です！	△ばっかりでスミマセン！		楽しみ〜🎵	チーズフォンデュが食べたい🧀			

画像は調整さんです

みんなの反応

同僚教員

　幹事の教員の負担がいつも気になっていましたが、ツール活用によってその手間が少し軽くなったと聞いて、ちょっとホッとしました。

　行きたいお店や食べたいものなどの皆のコメントから、開催日と一緒にお店を発表してくれる幹事の遊び心が素敵だなと思いました。

同僚教員

デジタル化のメリット一覧

本書で紹介した業務について、デジタル化するメリットを一覧にまとめて整理しました。業務を見直すとき、その業務の目的を話し合ってみましょう。デジタル化がよいのか、今までの方法がよいのかの判断材料になります。

＊なお、この区分およびメリットの有無は本書の内容に即したものです。それぞれの学校環境や子どもの状況に応じてメリットも変わってくるため、参考程度にご覧ください。

効率…**時間を短縮・手間を省略することができる**
管理…**クラウド上で一元管理することができる**
共有…**クラウド上で共有することができる**
表現…**表現手段を拡充・多様化することができる**
環境…**場所や時間の制約を越えることができる**

〈参考文献〉為田裕行『学校のデジタル化は何のため？ 教育ICT利活用の目的9類型』（さくら社、2022）

章	No	タイトル	効率	管理	共有	表現	環境
1章　ほぼ毎日・毎週	1	出勤・退勤	○	○			
	2	ToDoの管理		○	○		○
	3	保護者からの欠席・遅刻・早退連絡	○	○	○		
	4	欠席・遅刻・早退などの情報共有	○	○	○		
	5	教職員朝礼	○	○	○		○
	6	朝の会（SHR）	○		○		○
	7	朝の検温提出の確認	○	○			
	8	不登校の子どもの支援					○

章	No	タイトル	効率	管理	共有	表現	環境
1章　ほぼ毎日・毎週	9	スクールカウンセラーとの情報共有	○	○	○		
	10	学年会議	○	○	○		○
	11	校務分掌会議	○	○	○		○
	12	帰りの会（SHR）	○		○		○
	13	学級日誌			○		
	14	教職員会議	○	○	○		○
	15	部活動・クラブの指導		○	○	○	
	16	委員会や児童・生徒会活動の打ち合わせ	○		○		○
	17	提出物の回収・チェック・返却	○	○			

章	No	タイトル	効率	管理	共有	表現	環境
2章　ほぼ毎月・毎学期	18	席替え	○			○	
	19	学級通信の作成	○			○	
	20	学級通信の配付	○		○		○
	21	テストの時間割と監督割の作成	○	○	○		
	22	テスト範囲の伝達	○	○	○		
	23	テストの作成	○	○	○		
	24	テストの採点	○	○			
	25	テスト結果の集計と分析	○	○			

章	No	タイトル	効率	管理	共有	表現	環境
2章　ほぼ毎月・毎学期	26	テストの返却	○				
	27	成績処理	○	○			
	28	進路希望調査	○	○	○		
	29	生活アンケートの実施		○	○		○
	30	二者面談					○
	31	出席簿の管理	○	○	○		
	32	所見の作成および確認	○	○	○		
	33	通知表の作成	○	○			
	34	三者面談の日程調整	○	○	○		
	35	部活動・クラブの計画		○	○		

章	No	タイトル	効率	管理	共有	表現	環境
3章　ほぼ毎年・行事ごと	36	遠足の下見			○	○	
	37	学級目標の話し合い			○	○	
	38	係や委員会の役割決め			○	○	
	39	健康診断の記録・保管	○	○			
	40	授業参観の保護者への連絡と出席確認	○	○			○
	41	懇談会				○	
	42	文化祭などの企画の話し合い			○	○	

章	No	タイトル	効率	管理	共有	表現	環境
3章　ほぼ毎年・行事ごと	43	修学旅行のしおり			○	○	
	44	学校説明会の参加受付	○	○	○		
	45	行事や式典					○
	46	文集などの原稿の作成・入稿	○	○			
	47	指導要録の作成	○	○	○		
	48	クラス替えの検討	○	○			
	49	業務の引き継ぎ	○	○	○		

章	No	タイトル	効率	管理	共有	表現	環境
4章　不定期	50	子どものトラブル対応		○	○		
	51	保護者への連絡	○				○
	52	各種検定の申込み	○	○			
	53	子どもが作成した文章の添削	○		○		○
	54	面接練習	○				○
	55	出張申請	○	○	○		
	56	関係各所とのメールのやり取り	○				
	57	教育実習生との打ち合わせ	○		○	○	○
	58	他校の教員との打ち合わせ	○		○		○
	59	学校のブログ・サイトの更新	○	○		○	
	60	学年の懇親会	○		○		

おわりに

　私が「ICTショック」を受けたのは、7年前の2016年でした。

　とある小学校に視察に行った時のことです。ロイロノート・スクールを活用した授業実践でしたが、小学5年生がタブレット端末を使いこなし、学びの幅を自ら広げ、生き生きと楽しむ姿に衝撃を受けました。「打ちのめされた」という表現がぴったりでした。端末で調べ、まとめ、プレゼンテーションをしている。目の前の子どもたちがいわゆる21世紀型スキルを体現する様を見て、私はこれまでにない危機感をおぼえました。この先、授業のあり方を変えていかないと、私の担当する生徒たちはICT活用による学びの広がりや可能性を知らないまま中学校・高校を卒業することになるからです。

　その後、勤務校でもタブレット端末が導入され、それまで限界を感じていた情報収集・共有・発信などの幅が一気に広がりました。そして、授業だけでなく様々な校務で今や欠かせないツールとなっています。しかし、私自身はアナログ人間で未だにデジタルは苦手です。初めてのアプリを使うときには、周りの先生に助けてもらいながら対応することもよくあります。「ICT＝いつも・ちょっと・トラブル」と言われることもある通り、不具合が出ることも日常茶飯事です。

　ICTを導入してから、事例紹介や授業活用法など、ICT系の研修会で他校の先生方と情報交換をする機会も増えました。そこで耳にしたのは、「ICTを導入したものの、なかなか活用が進まない」「デジタル化は、なぜか同意を得られない」「担当者が孤独」等の共通する悩みでした。

　便利なツールであっても、使いこなすためにはやり方を覚える時間が必要です。また、本来であれば、導入する前に新たな方法の是非について検証・検討するプロセスが必要です。

　しかし、ただでさえ多忙で、仕事内容も多岐にわたる学校現場では、その時間を取ることも難しいという現状があります。そこで本書は、授業以外の業務

について、検証に役立つようなアナログ・デジタルの比較と、それに対する「みんなの反応」をまとめました。

　執筆者はそれぞれ所属が異なります。生徒指導や進路指導、学級経営は学校によって、また教員によって、やり方は異なります。執筆者同士でも対話をする中で、本書で例を挙げている「方法」もそうとは限らない学校もあることがわかり、執筆しながら各校の業務の進め方の違いに驚きました。「こんな方法もあるのか」という事例があちこちにあることも、本書の持ち味だと思います。

　「はじめに」にも書かれていたように、アナログのほうが良い場合もあれば、デジタルのほうが優れている場合もあります。デジタル化は、アナログを否定しているわけではありません。

　アナログ＆デジタルそれぞれの方法をご覧になり、本書が子どもたちにとっても、先生にとっても、保護者にとっても、より良い方法を探るための「きっかけ」となれば嬉しく思います。

　そして、それぞれの学校で、先生の仕事の見直しや最適化へと繋がることを願っています。

2023年6月
教育あるある探検隊を代表して　**長坂綾子**

執筆者一覧

※五十音順、〇は編著者、所属は執筆当時。

岩永 崇史	活水高等学校・活水中学校教諭	
〇小木曽 賢吾	多治見西高等学校附属中学校教諭	
黒川 智子	行橋市教育委員会　教育総務課　ICT教育推進員	
澁谷 洋平	株式会社LoiLo	
〇長坂 綾子	日本大学三島高等学校・中学校教諭	
〇中村 天良	大商学園高等学校教諭	
〇松下 直樹	愛光中学・高等学校教諭	
三浦 大栄	八幡平市立平舘小学校教諭	
水山 哲之介	横浜市立寛政中学校教諭	
米田 俊彦	愛徳学園中学校・高等学校教諭	

アナログ＆デジタル　先生のお仕事365日

2023年7月26日　初版第1刷発行

編 著 者　教育あるある探検隊
発 行 者　安部英行
発 行 所　学事出版株式会社　〒101-0051東京都千代田区神田神保町1-2-5
電　　話　03-3518-9655（代表）　https://www.gakuji.co.jp

編集担当　戸田幸子　　本文デザイン・組版　株式会社明昌堂
装　　丁　高橋洋一　　表紙・本文イラスト　松永えりか（フェニックス）
印刷・製本　精文堂印刷株式会社